中华人民共和国
会计法

注释本

法律出版社法规中心 编

法律出版社
LAW PRESS CHINA

·北 京·

图书在版编目（CIP）数据

中华人民共和国会计法注释本／法律出版社法规中心编. ――4版. ――北京：法律出版社，2024. ――（法律单行本注释本系列）. ――ISBN 978－7－5197－9362－3

Ⅰ. D922. 265

中国国家版本馆CIP数据核字第202445JN73号

| 中华人民共和国会计法注释本
ZHONGHUA RENMIN GONGHEGUO
KUAIJIFA ZHUSHIBEN | 法律出版社法规中心 编 | 责任编辑 李 群 陈 熙
装帧设计 李 瞻 |

出版发行 法律出版社	开本 850毫米×1168毫米 1/32
编辑统筹 法规出版分社	印张 4.125　　字数 105千
责任校对 张红蕊	版本 2024年8月第4版
责任印制 耿润瑜	印次 2024年8月第1次印刷
经　　销 新华书店	印刷 保定市中画美凯印刷有限公司

地址：北京市丰台区莲花池西里7号（100073）
网址：www.lawpress.com.cn　　　　销售电话：010－83938349
投稿邮箱：info@lawpress.com.cn　　客服电话：010－83938350
举报盗版邮箱：jbwq@lawpress.com.cn　咨询电话：010－63939796
版权所有·侵权必究

书号：ISBN 978－7－5197－9362－3　　定价：18.00元
凡购买本社图书，如有印装错误，我社负责退换。电话：010－83938349

编辑出版说明

现代社会是法治社会,社会发展离不开法治护航,百姓福祉少不了法律保障。遇到问题依法解决,已经成为人们处理矛盾、解决纠纷的不二之选。然而,面对纷繁复杂的法律问题,如何精准、高效地找到法律依据,如何完整、准确地理解和运用法律,日益成为人们"学法、用法"的关键所在。

为了帮助读者快速准确地掌握"学法、用法"的本领,我社开创性地推出了"法律单行本注释本系列"丛书,至今已十余年。本丛书历经多次修订完善,现已出版近百个品种,涵盖了社会生活的重要领域,已经成为广大读者学习法律、应用法律之必选图书。

本书具有以下特点:

1. 出版机构权威。成立于1954年的法律出版社,是全国首家法律专业出版机构,始终秉承"为人民传播法律"的宗旨,完整记录了中国法治建设发展的全过程,享有"社会科学类全国一级出版社",入选"全国百佳图书出版单位"等荣誉称号。

2. 编写人员专业。本书由相关法律领域内的专业人士编写,确保图书内容始终紧跟法治进程,反映最新立法动态,体现条文本义内涵。

3. 法律文本标准。作为专业的法律出版机构,多年来,我社始终使用全国人民代表大会常务委员会公报刊登的法律文本,积淀了丰富的标准法律文本资源,并根据立法进度及时更新相关内容。

4.条文注释规范。本书对每个条文提炼条文主旨,并对每个条文进行注释,使读者能精准掌握立法意图,轻松理解条文内容。

5.关联法规全面。本书收录常用法律法规、部门规章等,方便读者快速找到相关联的法规,使全书更为实用。

6.新旧对照表清晰。本书特设双栏新旧对照表,增、删规定醒目标出,让读者精准把握新旧变化的内容。

需要说明的是,本书中"适用提要""条文主旨""条文注释"等内容皆是编者为方便读者阅读、理解而编写,不同于国家正式通过、颁布的法律文本,不具有法律效力。本书不足之处,恳请读者批评指正。

我们用心打磨本书,以期为法律相关专业的人士释法解疑,致力于为每个公民的合法权益撑起法律的保护伞。

法律出版社法规中心

2024 年 8 月

目 录

《中华人民共和国会计法》适用提要 …………………… 1

中华人民共和国会计法

第一章 总则………………………………………………… 3
 第一条 立法目的…………………………………………… 3
 第二条 依法办理会计事务………………………………… 4
 第三条 设置账簿…………………………………………… 4
 第四条 负责人责任………………………………………… 5
 第五条 会计人员…………………………………………… 6
 第六条 奖励先进…………………………………………… 6
 第七条 主管部门…………………………………………… 7
 第八条 会计制度…………………………………………… 8
第二章 会计核算…………………………………………… 9
 第九条 资料真实…………………………………………… 9
 第十条 办理会计手续事项………………………………… 10
 第十一条 会计年度………………………………………… 10
 第十二条 本位币…………………………………………… 11
 第十三条 会计资料符合规定……………………………… 12
 第十四条 会计凭证………………………………………… 12
 第十五条 会计账簿登记…………………………………… 13
 第十六条 统一登记、核算………………………………… 14
 第十七条 核对……………………………………………… 15
 第十八条 会计处理方法一致……………………………… 16

  第十九条 担保、未决诉讼 ·················· 16
  第二十条 会计报告 ························ 17
  第二十一条 签名、盖章 ···················· 18
  第二十二条 使用文字 ······················ 18
  第二十三条 会计资料保管 ················ 19
  第二十四条 禁止行为 ······················ 20
第三章 会计监督 ·································· 20
  第二十五条 内部监督制度 ················ 20
  第二十六条 依法履行职责 ················ 22
  第二十七条 不符事项 ······················ 23
  第二十八条 检举违法行为 ················ 24
  第二十九条 审计报告 ······················ 24
  第三十条 财政监督 ························ 25
  第三十一条 其他部门监督 ················ 26
  第三十二条 保密 ·························· 27
  第三十三条 接受检查 ······················ 28
第四章 会计机构和会计人员 ·················· 28
  第三十四条 机构、人员设置 ·············· 28
  第三十五条 稽核制度 ······················ 30
  第三十六条 从业资格 ······················ 30
  第三十七条 业务素质 ······················ 31
  第三十八条 限制人员 ······················ 31
  第三十九条 交接 ·························· 32
第五章 法律责任 ·································· 33
  第四十条 行政处分 ························ 33
  第四十一条 伪造、变造、隐匿、销毁 ······ 35
  第四十二条 授意、指使、强令 ············ 35
  第四十三条 打击报复 ······················ 36

第四十四条　渎职 ………………………………… 37
　　第四十五条　检举人权益保护 …………………… 37
　　第四十六条　同位法补充规定 …………………… 38
　　第四十七条　法条竞合 …………………………… 38
第六章　附则 ……………………………………………… 39
　　第四十八条　用语含义 …………………………… 39
　　第四十九条　会计制度 …………………………… 40
　　第五十条　个体户 ………………………………… 40
　　第五十一条　施行日期 …………………………… 41

附　录

中华人民共和国注册会计师法(2014.8.31 修正) ……… 42
总会计师条例(2011.1.8 修订) ……………………………… 49
企业财务会计报告条例(2000.6.21) ……………………… 53
注册会计师注册办法(2019.3.15 修正) …………………… 61
会计人员管理办法(2018.12.6) …………………………… 65
会计基础工作规范(2019.3.14 修正) ……………………… 68
政府会计准则——基本准则(2015.10.23) ……………… 86
企业会计准则——基本准则(2014.7.23 修正) ………… 94
最高人民法院关于审理涉及会计师事务所在审计业务活
　动中民事侵权赔偿案件的若干规定(2007.6.11) ……… 100

《中华人民共和国会计法》新旧对照表 …………………… 104

《中华人民共和国会计法》
适用提要

1985年1月21日,第六届全国人大常委会第九次会议通过了《会计法》[①]。1993年12月29日,第八届全国人大常委会第五次会议通过决定,对《会计法》进行了第一次修正。1999年10月31日,第九届全国人大常委会第十二次会议对《会计法》进行了修订。但随着社会主义市场经济的发展,1999年的《会计法》已经难以适应形势的变化和国家发展的要求。2017年11月4日,第十二届全国人大常委会第三十次会议对《会计法》进行了第二次修正。2024年6月28日,第十四届全国人民代表大会常务委员会第十次会议对《会计法》进行了第三次修正。此次修正主要有以下内容:

1. 强化会计工作的政治导向和服务功能。2024年《会计法》在第2条中增加"会计工作应当贯彻落实党和国家路线方针政策、决策部署,维护社会公共利益,为国民经济和社会发展服务",进一步明确了会计工作应遵循的基本原则、应发挥的基础作用,这既是对党领导会计事业具体实践的历史性总结,也为我国未来持续推进会计改革与发展明确了根本方向。

2. 推动会计信息化与现代技术应用。2024年《会计法》首次将会计信息化写入第8条,并提出"国家加强会计信息化建设,鼓

[①] 为方便阅读,本书中的法律法规名称均使用简称。

励依法采用现代信息技术开展会计工作,具体办法由国务院财政部门会同有关部门制定",这是顺应数字经济发展的必然要求,既有利于加快推进会计工作数字化转型,支撑会计职能拓展,也为推进会计信息化高质量发展提供了坚实的法律基础。

3. 加大对违法行为的处罚力度。为重点落实党中央、国务院关于严肃财经纪律的决策部署,通过加大处罚力度有效震慑单位和个人财务造假行为,2024年《会计法》第41条将过去对单位的罚款上限10万元修改为"违法所得一倍以上十倍以下的罚款",第42条对个人的罚款上限5万元提高至500万元。贯彻实施好2024年《会计法》,各级会计执法部门应当坚持有法必依、执法必严、违法必究,做到严格规范执法:一是依法严厉打击伪造会计账簿、虚构经济业务、滥用会计准则等严重违法行为;二是按照"过罚相当"的原则,依据法律规定和违法事实,分类作出处理处罚,确保罚款裁量尺度符合法定要求;三是坚持处罚与教育相结合,将普法教育贯穿于行政处罚全过程,曝光会计违法典型案例,引导单位和个人依法开展会计工作。

4. 加大违法人员违法行为的成本。2024年《会计法》第47条首次将信用记录写入会计法律条文中,为推进会计诚信建设提供了法律保障。我们应按照党中央、国务院关于社会诚信建设的统一部署,将2024年《会计法》关于加强会计信用记录的要求落实到相关制度、相关工作中,一是建立健全会计信用记录制度,规范对会计信用信息的归集、记录和使用;二是加强信息化平台建设,为全面记录会计信用信息提供技术支撑;三是构建诚信教育机制,强化会计诚信教育,加强会计诚信教育基地建设。

总体来说,2024年修正《会计法》在保持现行基本制度不变的前提下,重点解决了会计工作中的突出问题,进一步加强了财会监督,加大了对会计违法行为的处罚力度,切实提高了会计信息质量,更好地维护了社会公共利益。

中华人民共和国会计法

（1985年1月21日第六届全国人民代表大会常务委员会第九次会议通过 根据1993年12月29日第八届全国人民代表大会常务委员会第五次会议《关于修改〈中华人民共和国会计法〉的决定》第一次修正 1999年10月31日第九届全国人民代表大会常务委员会第十二次会议修订 根据2017年11月4日第十二届全国人民代表大会常务委员会第三十次会议《关于修改〈中华人民共和国会计法〉等十一部法律的决定》第二次修正 根据2024年6月28日第十四届全国人民代表大会常务委员会第十次会议《关于修改〈中华人民共和国会计法〉的决定》第三次修正）

第一章 总 则

第一条 【立法目的】[1] 为了规范会计行为，保证会计资料真实、完整，加强经济管理和财务管理，提高经济效益，维护社会主义市场经济秩序，制定本法。

条文注释

《会计法》是调整会计法律关系的基本法，是各单位会计事务必须遵循的行为规范，由国家权力机关制定，以国家强制力保障其实施。其

---

[1] 条文主旨为编者所加，全书同。

立法宗旨是:规范会计行为,保证会计资料真实、完整,加强经济管理和财务管理,提高经济效益,维护社会主义市场经济。

第二条 【依法办理会计事务】会计工作应当贯彻落实党和国家路线方针政策、决策部署,维护社会公共利益,为国民经济和社会发展服务。

国家机关、社会团体、公司、企业、事业单位和其他组织(以下统称单位)必须依照本法办理会计事务。

条文注释

《会计法》的适用范围包括地域适用效力范围、对人的效力范围以及在时间上的效力范围。本法地域适用效力范围及于全国,包括我国驻外国的使、领馆。但是根据《宪法》、《香港特别行政区基本法》和《澳门特别行政区基本法》的规定,自中华人民共和国恢复对香港特别行政区和澳门特别行政区行使主权时起,除两个基本法附件中规定的特别行政区适用的全国性法律外,其他法律不适用于特别行政区。本法对人的效力范围及于两种人:一是办理会计事务的单位和个人,如本条规定的国家机关、社会团体、公司、企业、事业单位和其他组织;二是会计主管机关和其他有关机关,如财政、税务、审计等部门。本条规定的适用范围不包括个体工商户,个体工商户会计管理的具体办法,根据本法第50条的规定,由国务院财政部门根据本法的原则另行规定。

第三条 【设置账簿】各单位必须依法设置会计账簿,并保证其真实、完整。

条文注释

会计账簿是"会计报表"的对称。记载商业主体营业交易和财产出入事项的会计记录文书,为商业账簿的一种。在大陆法系国家的民商法中,习惯上把会计账簿分为序时账簿和分类账簿两类。前者主要依据交易事项发生的时间顺序而记录;后者主要依据交易事项所属的会计科目分类而记录。会计账簿是会计报表制作的依据,具有原始记录的意义;许多大陆法系国家的民商法视之为必备商业账簿,并对其种类、内容、记载方法、负责人签名、设置义务、保存期限等均有严格的规定。本条规定,各单位必须依法设置会计账簿,并保证其真实、完整,本条规定属于法律的强制性规范,各会计核算单位必须执行,不得违反。会计账簿必须以经过审核的会计凭证为依据,并符合有关法律、行政法规和国家统一的会计制度的规定。会计账簿按其不同用途和本法规定,可以分为总账、明细账、日记账和其他辅助性账簿,设置会计账簿是会计工作的重要环节和进行会计核算和会计监督不可缺少的程序。

第四条 【负责人责任】单位负责人对本单位的会计工作和会计资料的真实性、完整性负责。

条文注释

本法第48条对"单位负责人"进行了界定,即"单位负责人,是指单位法定代表人或者法律、行政法规规定代表单位行使职权的主要负责人"。所谓法定代表人,是指由法律或法人组织章程规定,代表法人对外行使民事权利、履行民事义务的负责人。所谓法律、行政法规规定代表单位行使职权的主要负责人,是指除法人以外,法律、行政法规规定的代表单位行使职权的单位负责人,是本单位会计工作的领导者和管理者,而会计机构、会计人员是本单位会计工作的执行者和被管理者,二者的关系和责任不能颠倒。

单位负责人是本单位会计工作的领导者和管理者,统管本单位的工作,由其负责,是其义不容辞的责任,也是国际通行的做法。目前一些单位会计工作秩序混乱,给国家和单位造成损失,原因之一是由于单位负责人授意、指使、强令会计机构、会计人员做假账造成的。实践证明,把保证会计资料真实性、完整性的责任仅仅压在会计人员的肩上,是不能从根本上解决造假账的问题的。《会计法》明确规定单位负责人对本单位的会计工作和会计资料的真实性、完整性负责,有利于促使单位负责人重视会计工作,加强会计管理,采取有效措施保证会计资料真实、完整。

关联法规

《会计基础工作规范》第4条

第五条 【会计人员】会计机构、会计人员依照本法规定进行会计核算,实行会计监督。

任何单位或者个人不得以任何方式授意、指使、强令会计机构、会计人员伪造、变造会计凭证、会计账簿和其他会计资料,提供虚假财务会计报告。

任何单位或者个人不得对依法履行职责、抵制违反本法规定行为的会计人员实行打击报复。

条文注释

《会计法》是调整会计法律关系的基本法,是我国目前规范会计行为具有最高效力的法律文件。现行一切规范会计行为的法规、规章、制度、办法等,都不得与本法的规定相抵触。一切国家机关、社会团体、公司、企业、事业单位和其他组织都必须依照本法办理会计事务。这是实现本法立法宗旨的前提。

本条第1款明确了会计机构、会计人员作为办理会计事务进行会计核算和会计监督的主体,依照本法规定进行会计核算,实行会计监督,既是其法定职责,也是其法定权力。从责任的角度讲,会计机构、会计人员有义务依照本法规定进行会计核算和会计监督,不得违反本法规定进行会计核算和会计监督。从职权角度讲,会计机构、会计人员有权依照本法规定进行会计核算和会计监督。一切干扰和阻碍会计机构、会计人员依法进行会计核算和会计监督的行为都是违法行为,会计机构、会计人员有权予以抵制。会计机构、会计人员依法履行职责,严格按照本法规定进行会计核算,实行会计监督,其合法权益受法律保护。

本条第2款和第3款分别规定任何单位或者个人的义务以及依法履行职务受法律保护的合法权益。

关联法规

《会计基础工作规范》第17~24条

第六条 【奖励先进】对认真执行本法,忠于职守,坚持原则,做出显著成绩的会计人员,给予精神的或者物质的奖励。

条文注释

为树立榜样,鼓励、支持会计人员依法履行职责,保障本法和国家统一会计制度的有效实施和会计资料的真实、完整,维护社会主义市场经济秩序,本法规定,对于依法履行会计职责,认真执法,坚持原则,进行会计核算和会计监督的会计人员,由各级人民政府、政府有关部门和单位进行奖励。奖励方式有两种:一是精神奖励;二是物质奖励。具体奖励条件、方式和办法,由设奖或者颁奖单位决定。这样做,对鼓励、支持会计人员依法履行职责,保障《会计法》和国家统一会计制度的有效实施和会计资料的真实、完整,维护社会主义市场经济秩序,将起到重要的作用。会计人员在履行会计职责过程中应当大公无私,坚持原则,不为利所诱,不为情所动,更不为强权和暴力所慑,做到有法必依,执法必严,违法必究。应当忠于职守,以高度负责的态度对待本职工作,兢兢业业地做好本职工作,保证自己所做的工作既无疏漏,也无差错。

关联法规

《会计基础工作规范》第15条

第七条 【主管部门】国务院财政部门主管全国的会计工作。

县级以上地方各级人民政府财政部门管理本行政区域内的会计工作。

条文注释

国家会计工作管理体制,是指国家管理会计工作的组织形式和基本制度,包括管理机构的设置、职责范围的确定和管理职权的划分,是国家会计法律、法规、规章、制度和方针、政策得以贯彻落实的组织保障和制度保障。

本条明确在管理体制上实行"统一领导,分级管理"的原则。具体做法是:国务院财政部门在统一规划、统一领导会计工作的前提下,发挥各级人民政府财政部门和中央各部门管理会计工作的积极性,各级人民政府财政部门和中央各业务主管部门应积极配合国务院财政部门管理好本地区、本部门的会计工作;各级人民政府财政部门根据上级财政部门的规划和要求,结合本地区的实际情况,管理本地区的会计工作,并取得同级其他管理部门的支持和配合。国家会计工作管理体制由法律、行政法规规定。经国务院批准,由国务院办公厅下发的财政部的"三定方案"具体规定了财政部的职责。根据上述规定,国务院财政部门主管全国的会计工作,履行本法列明的九大主要职责。

关联法规

《会计基础工作规范》第5条

> **第八条 【会计制度】**国家实行统一的会计制度。国家统一的会计制度由国务院财政部门根据本法制定并公布。
>
> 国务院有关部门可以依照本法和国家统一的会计制度制定对会计核算和会计监督有特殊要求的行业实施国家统一的会计制度的具体办法或者补充规定,报国务院财政部门审核批准。
>
> 国家加强会计信息化建设,鼓励依法采用现代信息技术开展会计工作,具体办法由国务院财政部门会同有关部门制定。

条文注释

会计制度,是指政府管理部门对处理会计事务而制定的规章、准则、办法等规范性文件的总称,包括会计核算制度、会计监督制度、会计人员制度、会计工作管理制度等。统一的会计制度是指会计工作共同遵循的规则、方法和程序的规范性文件的总称。本法第48条将我国统一的会计制度界定为:国务院财政部门根据本法制定的关于会计核算、会计监督、会计机构和会计人员以及会计工作管理的制度。

我国会计制度内容丰富,涉及范围广泛。国民经济各部门、各环节进行会计核算,都有相应的会计制度。会计制度已成为各单位进行会计核算和会计监督的重要规则和宏观经济调控机制的重要组成部分。按照目前国家对企业实行的行业划分,我国已制定了一系列企业会计制度,主要包括工业企业会计制度、商品流通企业会计制度、旅游和饮食服务企业会计制度、交通运输企业会计制度、邮电通信企业会计制度、施工企业会计制度、房地产开发企业会计制度、对外经济合作企会计制度、金融企业会计制度、农业企业会计制度、民航企业会计制度、铁路运输企业会计制度(适用于我国所有从事铁路运输经营的企业)、保险企业会计制度、股份有限公司会计制度等。

第二章　会　计　核　算

第九条　【资料真实】各单位必须根据实际发生的经济业务事项进行会计核算,填制会计凭证,登记会计账簿,编制财务会计报告。

任何单位不得以虚假的经济业务事项或者资料进行会计核算。

条文注释

会计核算,是指通过会计形式,根据财政、财务制度,对资金和物资的收支进行审核和计算的全部活动。会计核算是会计的首要职能,会计核算的基本内涵是以货币为计算单位,通过确认、记录、计算、报告,对生产经营活动或者预算执行过程及其结果进行连续、系统、全面的记录、计算、分析,定期编制并提供财务会计报告和其他一系列内部管理所需的会计资料,为有关各方面提供会计信息的会计活动。会计核算的基本程序有三个重要环节,即填制会计凭证、登记会计账簿和编制财务会计报告。

会计核算的对象,是指会计核算和监督的内容,会计主体是独立于其他机构的某一机构或者某一机构的一部分,是会计工作为其服务的特定单位或组织,凡是特定主体能够以货币表现的经济活动,都是会计核算和监督的内容。从微观上说,会计核算的对象是各单位的经济业务事项,会计的对象是指会计所核算和监督的内容。各单位作为独立的会计主体,其会计核算的范围是本单位发生的经济业务事项,其他单位发生的经济业务事项不能作为本单位发生的经济业务事项进行核算,不同单位发生的经济业务事项不能混合在一起核算。

会计核算的客观性原则,是指会计核算应当以实际发生的交易或事项为依据,如实反映企业的财务状况、经营成果和现金流量,做到内容真实、数字准确、资料可靠。客观性包括真实性和可靠性两方面含义,各单位必须根据实际发生的经济业务事项或者资料进行会计核算。

关联法规

《保险中介公司会计核算办法》;《投资公司会计核算办法》

第十条 【办理会计手续事项】各单位应当对下列经济业务事项办理会计手续,进行会计核算:

(一)资产的增减和使用;
(二)负债的增减;
(三)净资产(所有者权益)的增减;
(四)收入、支出、费用、成本的增减;
(五)财务成果的计算和处理;
(六)需要办理会计手续、进行会计核算的其他事项。

关联法规

《会计基础工作规范》第37条;《财政部门实施会计监督办法》第10条

第十一条 【会计年度】会计年度自公历1月1日起至12月31日止。

条文注释

会计年度,是以年度为单位进行会计核算的时间区间,是反映单位财务状况、经营成果的时间界限。通常情况下,一个单位的经营和业务活动,总是连续不断进行的,因此,会计上将连续不断的经营过程人为地划分为若干相等的时段,分段进行结算,分段编制财务会计报告,分段反映单位的财务状况和经营成果。这种分段进行会计核算的时间区间,会计上称为会计期间。以1年为一个会计期间称为会计年度。

会计期间的划分对会计核算具有重要的影响。有了会计期间,才得以区分本期与非本期,而由于有了本期与非本期的区别,才产生了权责发生制和收付实现制,才使不同类型的会计主体有了记账的基准。

会计期间有不同的划分标准,如可以以 6 个月为一个会计期间,也可以以 1 年为一个会计期间,以 1 年作为一个会计期间的就是会计年度。会计年度可以是公历年度,也就是日历年度,也可以从某一日开始的 365 天的期间作为一个会计年度。本条规定会计年度采用公历年度,即会计年度自公历 1 月 1 日起至 12 月 31 日止。

关联法规

《企业财务会计报告条例》第 19 条

> **第十二条 【本位币】**会计核算以人民币为记账本位币。
> 业务收支以人民币以外的货币为主的单位,可以选定其中一种货币作为记账本位币,但是编报的财务会计报告应当折算为人民币。

条文注释

记账本位币,是指日常填制凭证、登记账簿和编制财务会计报告时用以计量的货币。

本条以法律形式确立了我国境内各单位的会计核算以人民币作为记账本位币,单位实际发生的各种经济业务事项都以人民币作为计量单位进行核算、反映。填制会计凭证、登记会计账簿、编制会计报表,一律以人民币(元)为单位。

对于业务收支以人民币以外的货币为主的单位,考虑到单位的特点并简化会计核算手续的要求,可以选定其中一种货币作为记账本位币,但是编报的财务会计报告应当折算为人民币。对于这一规定,应当注意以下三点:一是在一般情况下,各单位应当以人民币为记账本位币,人民币作为记账本位币是前提,以人民币以外的其他货币作为记账本位币是一种例外的处理方法;二是不是所有单位都可以用人民币以外的其他货币作为记账本位币,只有那些业务收支是以人民币以外的其他货币为主的单位,才可以选定某一种外币作为记账本位币;三是以人民币以外的货币作为记账本位币的单位,其选定作为本单位会计核算记账本位币的币种,可以根据业务收支所使用的外币币种变化而变动。以人民币以外的其他货币作为记账本位币的单位,向国内有关部门编报的会计报表,应当折算为人民币。

关联法规

《会计基础工作规范》第 40 条

第十三条 【会计资料符合规定】会计凭证、会计账簿、财务会计报告和其他会计资料,必须符合国家统一的会计制度的规定。

使用电子计算机进行会计核算的,其软件及其生成的会计凭证、会计账簿、财务会计报告和其他会计资料,也必须符合国家统一的会计制度的规定。

任何单位和个人不得伪造、变造会计凭证、会计账簿及其他会计资料,不得提供虚假的财务会计报告。

条文注释

会计资料是在会计核算过程中形成的,记录和反映实际发生的经济业务事项的资料,包括会计凭证、会计账簿、财务会计报告和其他会计资料,这些资料都是会计信息的载体,是会计核算不同环节形成的记载表明会计主体经济活动情况的有关信息的书面文件,是会计核算的依据和结果。任何单位和个人不得伪造、编造和提供虚假会计资料。

关联法规

《会计基础工作规范》第 41~46 条

第十四条 【会计凭证】会计凭证包括原始凭证和记账凭证。

办理本法第十条所列的经济业务事项,必须填制或者取得原始凭证并及时送交会计机构。

会计机构、会计人员必须按照国家统一的会计制度的规定对原始凭证进行审核,对不真实、不合法的原始凭证有权不予接受,并向单位负责人报告;对记载不准确、不完整的原始凭证予以退回,并要求按照国家统一的会计制度的规定更正、补充。

第二章 会计核算

　　原始凭证记载的各项内容均不得涂改;原始凭证有错误的,应当由出具单位重开或者更正,更正处应当加盖出具单位印章。原始凭证金额有错误的,应当由出具单位重开,不得在原始凭证上更正。
　　记账凭证应当根据经过审核的原始凭证及有关资料编制。

【条文注释】
　　本法所称原始凭证,是指在经济业务发生时得到或者填制的用以记录或者证明经济业务发生或者完成情况的原始书面证明。原始凭证是进行会计核算的原始资料和重要依据。会计机构、会计人员对原始凭证的审核主要包括以下四个方面的内容:(1)审核原始凭证所记载的经济业务是否正常,判断是否正确,涉及业务发生的日期、季节、经办负责人员、数量和单位、业务的程序和手续等是否符合要求等;(2)合法性、合规性、合理性审核;(3)完整性审核;(4)正确性审核。对原始凭证进行审核后,对于不真实、不合法的原始凭证,有权拒绝受理,并向单位负责人报告,对于记载不正确、不完整的原始凭证,有权退回更正、补充,并应当根据审核无误的原始凭证编制记账凭证。

【关联法规】
《会计基础工作规范》第47~55条

　　第十五条 【会计账簿登记】会计账簿登记,必须以经过审核的会计凭证为依据,并符合有关法律、行政法规和国家统一的会计制度的规定。会计账簿包括总账、明细账、日记账和其他辅助性账簿。
　　会计账簿应当按照连续编号的页码顺序登记。会计账簿记录发生错误或者隔页、缺号、跳行的,应当按照国家统一的会计制度规定的方法更正,并由会计人员和会计机构负责人(会计主管人员)在更正处盖章。

使用电子计算机进行会计核算的,其会计账簿的登记、更正,应当符合国家统一的会计制度的规定。

【条文注释】

会计账簿是由具有一定格式并互相联系的账页组成的,用来依据会计凭证序时、分类地记录和反映各项经济业务的簿籍。设置和登记账簿是会计核算的一种专门方法,也是会计核算的中心环节。账簿是会计报表制作的依据,具有原始记录的意义,规范会计账簿的登记程序,对于系统、全面、连续记录经济活动情况,形成准确、完整的会计信息,具有重要作用。因此,对其种类、内容、记载方法、负责人签名、设置义务、保存期限等均有严格的规定。任何一个单位发生经济业务后,首先要取得或填制会计凭证,会计凭证是会计账簿登记的依据。登记必须以经过审核的会计凭证为依据,按照会计核算的程序,填制和取得原始凭证,编制记账凭证,然后再根据记账凭证记入会计账簿,会计凭证是反映个别经济业务事项的资料,而会计账簿是汇总反映一定期间发生的所有经济业务事项的资料。会计凭证的格式和内容必须符合国家统一会计制度的要求,并由记账人员、审核人员等签名或盖章。

【关联法规】

《会计基础工作规范》第 56~61 条

第十六条 【统一登记、核算】各单位发生的各项经济业务事项应当在依法设置的会计账簿上统一登记、核算,不得违反本法和国家统一的会计制度的规定私设会计账簿登记、核算。

【条文注释】

会计账簿包括总账、明细账、日记账和其他辅助性账簿。其他辅助账簿,也称备查簿,是对于某些不是总账所能详细反映,而又不适宜使用明细账登记的经济业务,而设置的辅助性账簿。在会计实务中主要包括各种租借设备、物资的辅助登记或有关应收、应付款项的备查簿,担保、抵押备查簿等。

设置会计账簿是会计核算的前提条件,保证会计账簿的真实、完整,是设置会计账簿的起码要求,各单位应当依法设置会计账簿。会计机构根据经过审核的原始凭证和记账凭证,按照国家统一的会计制度关于记账规则的规定记账,在会计核算时,对单位所有的各种资金来往,根据项目分别使用一定的账式,记录日常实际发生的每笔经济业务事项,积累编制会计报表所需要的数据,并进行归类整理。会计账簿记录是编制财务会计报告的主要依据,是审计工作和税收、价格、贷款等经济管理工作的重要依据,又是重要的经济档案。个体工商户确实不能设置账簿的,经税务机关核准,可以不设置账簿。

第十七条 【核对】各单位应当定期将会计账簿记录与实物、款项及有关资料相互核对,保证会计账簿记录与实物及款项的实有数额相符、会计账簿记录与会计凭证的有关内容相符、会计账簿之间相对应的记录相符、会计账簿记录与会计报表的有关内容相符。

条文注释

各单位应当定期对会计账簿记录的有关数字与库存实物、货币资金、有价证券、往来单位或者个人等进行相互核对,保证账实相符、账证相符、账账相符、账表相符。根据财政部颁布的《会计基础工作规范》的要求,对账工作每年至少进行一次。

账实相符,就主要包括现金日记账账面余额与现金实际库存数核对相符,银行存款日记账账面余额与银行对账单核对相符,各种财物明细账账面余额与财物实存数额核对相符,各种应收、应付款明细账账面余额与有关债务、债权单位或者个人核对相符;账证相符,就是指会计账簿记录与会计凭证核对时,应当比较原始凭证和记账凭证进行核对,具体核对会计账簿记录与原始凭证、记账凭证的时间、凭证字号、内容、金额是否一致,记账方向是否相符,切实做到账证相符;账账相符主要包括:总账有关账户的余额核对,总账与明细账核对,总账与日记账核对,会计部门的财产物资明细账与财产物资保管和使用部门的有关明细账核对等;账表相符中,企业会计报表主要包括资产负债表、损益表和财务状况变动表,事业单位会计报表主要包括资产负债表、收入支出表、附表等。

关联法规

《会计基础工作规范》第 62 条

第十八条 【会计处理方法一致】各单位采用的会计处理方法,前后各期应当一致,不得随意变更;确有必要变更的,应当按照国家统一的会计制度的规定变更,并将变更的原因、情况及影响在财务会计报告中说明。

条文注释

会计处理方法,是指在会计核算中所采用的具体方法。主要包括:编制合并会计报表的原则和方法,外币折算处理方法,收入确认原则和方法,企业所得税会计处理方法,存货计价会计处理方法,坏账损失的核算方法,固定资产折旧方法,坏账损失提取和核算方法等。

会计准则和财务通则允许企业自主选择不同的会计处理方法,但必须依法处理。本条对会计处理方法作了专门规定,主要包括以下内容:(1)会计核算应当以实际发生的经济业务为依据,体现了会计核算的真实性和客观性要求;(2)会计核算必须按照规定的会计处理方法对所发生的经济业务进行会计核算;(3)各单位采用的会计处理方法,前后各期应当一致,不得随意变更,这是会计核算一贯性原则的具体要求,本条规定各单位的会计处理方法前后各期应当保持一致。会计处理方法确有必要变更的,应当按照国家统一的会计制度的规定变更,并将变更原因、情况及影响在财务会计报告中说明,允许单位变更会计处理方法的前提是"确有必要变更"。

第十九条 【担保、未决诉讼】单位提供的担保、未决诉讼等或有事项,应当按照国家统一的会计制度的规定,在财务会计报告中予以说明。

条文注释

企业未来经营的财务状况带来影响(包括风险),可能发生的损失称为或有损失,可能发生的负债称为或有负债,可能发生的收益称为或有收益,可能发生的资产称为或有资产。或有事项是过去交易、事项的结果,而不是未来可能发生的事项,或有事项本身具有不确定性,或有事项的最终结果,只有在未来发生或不发生某个事件时才能得到最后证实,影响或有事项结果的不确定因素不能由企业控制。

财务会计报告是一个单位依法向国家有关部门提供或者向社会公开披露的反映该单位财务状况和经营成果的书面文件,应当全面、真实、完整地反映单位的资产情况。按照国家统一会计制度的规定,应当说明以下内容:(1)或有事项的性质;(2)影响或有事项未来结果的不确定因素;(3)或有损失和或有收益的金额。如果无法估计或有损失、或有收益的数额,应当说明不能作出估计的原因。

第二十条 【会计报告】财务会计报告应当根据经过审核的会计账簿记录和有关资料编制,并符合本法和国家统一的会计制度关于财务会计报告的编制要求、提供对象和提供期限的规定;其他法律、行政法规另有规定的,从其规定。

向不同的会计资料使用者提供的财务会计报告,其编制依据应当一致。有关法律、行政法规规定财务会计报告须经注册会计师审计的,注册会计师及其所在的会计师事务所出具的审计报告应当随同财务会计报告一并提供。

条文注释

财务会计报告是单位依法向国家有关部门提供或者向社会公开披露的反映该单位财务状况和经营成果的一个书面文件。编制财务会计报告,是对会计核算工作的全面总结,是及时提供合法、真实、准确、完整会计信息的重要环节,也是《会计法》加以规范的重要内容之一。为此,《会计法》对财务会计报告的编制依据、编制要求、提供对象、提供期限问题作出了原则性规定。

关联法规

《企业财务会计报告条例》第 20~28 条

第二十一条 【签名、盖章】财务会计报告应当由单位负责人和主管会计工作的负责人、会计机构负责人(会计主管人员)签名并盖章;设置总会计师的单位,还须由总会计师签名并盖章。

单位负责人应当保证财务会计报告真实、完整。

条文注释

财务会计报告是一个单位依法向国家有关部门提供或者向社会公开披露的反映该单位财务状况和经营成果的书面文件,财务会计报告是否真实、完整,对单位和财务会计报告的使用者,尤其是对投资人、政府部门正确评价微观或者宏观经济活动情况,据此进行经济决策有直接影响,对单位的纳税情况亦有直接影响。因此,财务会计报告必须要真实、完整。《会计法》要求财务会计报告上单位负责人及其他有关负责人的签名、盖章同时具备。

本条规定在财务会计报告上签名并盖章的负责人包括涉及单位对会计工作负责的各级领导,要求其层层负责,以保证财务会计报告的真实、完整。单位负责人,是指单位法定代表人或者法律、行政法规规定的代表单位行使职权的主要负责人。主管会计工作的负责人,是指一个单位的若干负责人中,根据其内部职责分工,分管会计工作的负责人。会计机构负责人(会计主管人员),是指单位负责会计工作的中层领导人员,对包括会计基础工作在内的所有会计工作起组织、管理等作用。本条规定,国有的和国有资产占控股地位或者主导地位的大、中型企业必须设置总会计师,设置总会计师的单位,还应当由总会计师签名并盖章。

关联法规

《企业财务会计报告条例》第31条;《总会计师条例》第1~6条

第二十二条 【使用文字】会计记录的文字应当使用中文。在民族自治地方,会计记录可以同时使用当地通用的一种民族文字。在中华人民共和国境内的外商投资企业、外国企业和其他外国组织的会计记录可以同时使用一种外国文字。

第二章　会计核算

条文注释

会计记录的文字,是指按照国家统一的会计制度确定的会计方法在会计凭证、会计账簿、财务会计报告中登记经济业务事项时所使用的文字。

《会计法》对会计记录文字的总体要求是:只要适用该法,其会计记录的文字就应当使用中文。"应当使用中文"的规定是强制性规定,各单位必须遵守。民族自治地方可以同时使用当地通用的一种民族文字。在中华人民共和国境内的外商投资企业、外国企业和其他外国组织的会计记录,可以同时使用一种外国文字。

第二十三条　【会计资料保管】各单位对会计凭证、会计账簿、财务会计报告和其他会计资料应当建立档案,妥善保管。会计档案的保管期限、销毁、安全保护等具体管理办法,由国务院财政部门会同有关部门制定。

条文注释

会计档案,是指会计凭证、会计账簿和会计报表以及其他会计资料等会计核算的专业材料,它是记录和反映经济业务的重要历史资料和证据。会计档案的内容一般指会计凭证、会计账簿、会计报表以及其他会计核算资料四个部分。其他会计核算资料属于经济业务范畴,是与会计核算、会计监督紧密相关并由会计部门负责办理的有关数据资料,这些会计资料构成会计档案的内容。

本条规定,各单位应当建立会计档案,要求各单位要有相关的部门和人员负责这项工作,财政部、国家档案局曾于2015年修订了《会计档案管理办法》,其中规定,财政部和国家档案局主管全国会计档案工作,共同制定全国统一的会计档案工作制度,对全国会计档案工作实行监督和指导。县级以上地方人民政府财政部门和档案行政管理部门管理本行政区域内的会计档案工作,并对本行政区域内会计档案工作实行监督和指导。单位应当加强会计档案管理工作,建立和完善会计档案的收集、整理、保管、利用和鉴定销毁等管理制度,采取可靠的安全防护技术和措施,保证会计档案的真实、完整、可用、安全。本条对会计档案的保管期限和销毁办法作了授权规定,授权国务院财政部门会同有关部门制定,以现行的《会计档案管理办法》对会计档案的保管期限和销毁办法的规定为准。

关联法规

《会计档案管理办法》

第二十四条 【禁止行为】各单位进行会计核算不得有下列行为:

(一)随意改变资产、负债、净资产(所有者权益)的确认标准或者计量方法,虚列、多列、不列或者少列资产、负债、净资产(所有者权益);

(二)虚列或者隐瞒收入,推迟或者提前确认收入;

(三)随意改变费用、成本的确认标准或者计量方法,虚列、多列、不列或者少列费用、成本;

(四)随意调整利润的计算、分配方法,编造虚假利润或者隐瞒利润;

(五)违反国家统一的会计制度规定的其他行为。

第三章 会 计 监 督

第二十五条 【内部监督制度】各单位应当建立、健全本单位内部会计监督制度,并将其纳入本单位内部控制制度。单位内部会计监督制度应当符合下列要求:

(一)记账人员与经济业务事项和会计事项的审批人员、经办人员、财物保管人员的职责权限应当明确,并相互分离、相互制约;

(二)重大对外投资、资产处置、资金调度和其他重要经济业务事项的决策和执行的相互监督、相互制约程序应当明确;

　　(三)财产清查的范围、期限和组织程序应当明确;

　　(四)对会计资料定期进行内部审计的办法和程序应当明确;

　　(五)国务院财政部门规定的其他要求。

条文注释

　　2024年修改《会计法》时,在第25条第1款"各单位应当建立、健全本单位内部会计监督制度"后增加"并将其纳入本单位内部控制制度"。上述规定完善了会计监督与内部控制制度的关系。内部控制制度是单位内部建立的使各项业务活动互相联系、互相制约的措施、方法和规程,会计监督是内部控制制度重要的一环,2024年《会计法》将其纳入本单位内部控制管理制度范围,是有效防范会计信息虚假的重要工作。此举明确了内部控制是会计监督的组成部分,凸显了单位内部控制的重要性,将有助于各单位进一步强化内部控制建设,提升单位财务管理的透明度和公正性。通过内部监督制度的完善,能够及时发现和纠正财务管理中的问题,减少出错和舞弊的发生。

　　会计的基本职能之一是进行会计监督,本条从其规定的内容看,体现的是内部会计监督控制的基本要求,明确各单位建立健全内部控制制度,在我国立法上是第一次。《会计法》根据内部会计监督的基本目标和基本规则,对企业建立健全内部会计监督制度作出了明确的规定和要求:(1)涉及经济业务事项和会计事项的人员应当职责明确,只有职责分清并有确定性,才能形成监督机制,有明确的责任;不相容的职务应当相互分离,这种分离和制约是相互监督、内部控制的一项重要规则。(2)重要经济业务事项的决策和执行,应当有明确的程序,而这个程序应当是贯彻相互监督、相互制约原则的,以避免决策的混乱和失误,加强会计监督和参与决策的作用。(3)财产清查的范围、期限和组织程序应当明确。财产清查是定期或不定期、全面或部分地对各项财产物资进行实地盘点和对库存现金、银行存款、债权债务进行清查核对。财产清查组织程序,要求组织化、程序化、制度化。(4)对会计资料定期进行内部审计的办法和程序应当明确。内部审计是内部会计监督的一种特定形式,它是由本单位或者本部门设置的独立机构及人员,负责对本单位、本部门的资金运动及所取得的成果进行审查和作出评价。内部审计的重要内容是审查会计资料的真实性、可靠性、合法性,保护本单位、本部门的财产安全、完整。对于内部审计,应当根据《会计法》和国家统一的会计制度,制定具体办法和程序,使之秩序化、制度化、定期化。

关联法规

《会计基础工作规范》第83~96条

> **第二十六条 【依法履行职责】**单位负责人应当保证会计机构、会计人员依法履行职责,不得授意、指使、强令会计机构、会计人员违法办理会计事项。
>
> 会计机构、会计人员对违反本法和国家统一的会计制度规定的会计事项,有权拒绝办理或者按照职权予以纠正。

条文注释

会计机构、会计人员依法履行职责,这是会计监督的基本要求,也是实现内部会计监督的重要保证。单位负责人确定为各单位是否依法组织会计工作的责任主体,本条规定了单位负责人承担的法定义务,明确了单位负责人的约束性,授予了会计机构、会计人员对违法办理会计事项的拒绝权。单位负责人的义务即为会计机构、会计人员依法履行职责提供保证,单位负责人不得授意、指使、强令会计机构、会计人员违法办理会计事项,这是本法对单位负责人所作的约束。这里所指的授意、指使、强令,都是单位负责人迫使会计机构、会计人员按照其意志实施违法行为所采用的手段。

会计机构、会计人员必须依法办理会计事项。依法办理就是依照《会计法》和有关法律、依照国家统一的会计制度办理会计事项。《会计法》赋予了会计机构、会计人员依法履行职责的权利;赋予了会计机构、会计人员实现会计监督、纠正违法行为的权利;赋予了会计机构、会计人员对于不真实、不合法的单证,只要是在职权范围之内的,应当制止和纠正的权利。

关联法规

《会计基础工作规范》第 72～82 条

> **第二十七条 【不符事项】**会计机构、会计人员发现会计账簿记录与实物、款项及有关资料不相符的,按照国家统一的会计制度的规定有权自行处理的,应当及时处理;无权处理的,应当立即向单位负责人报告,请求查明原因,作出处理。

条文注释

为使会计资料真实、可靠,全面确切地反映单位的经济活动的真实情况,避免出现对账不相符的情况,《会计法》确定了处理的基本规定,主要内容为:(1)会计账簿记录与实物不相符时,要区分是人为的还是现实自然损耗的,并根据需要以实存数与账簿记录相核对,找出差异并合理调整账面。会计账簿记录与款项不符时,应当进行实地盘点、核对,查清并作出处理。(2)会计机构、会计人员对于发现的会计账簿记录与实物、款项等不相符的,若属于自己职权范围内的,应当及时处理。对记载不准确、不完整的原始凭证予以退回,并有要求按照国家统一的会计制度的规定进行更正、补充的权利。在地方以及一些部门依法制定的规章、制度中对会计机构、会计人员的一些职权作出了具体规定,各个单位也可以按照自身的情况,对单位的会计机构或设置的会计人员赋予一定的职权。(3)《会计法》对处理的规则作了明确规定。总的规则或者说是处理的根据为国家统一的会计制度,同时应该确保及时处理,包括及时清查财产、及时盘点库存、及时核对账目、及时入账、转账、调账,只有及时作出处理,才能适时地提供可靠的会计信息,有效地进行会计监督。(4)会计机构、会计人员对自己无权处理的事项,负有应立即向单位负责人报告的义务,同时也有责任请求单位负责人查明原因,并作出处理。

第二十八条 【检举违法行为】任何单位和个人对违反本法和国家统一的会计制度规定的行为,有权检举。收到检举的部门有权处理的,应当依法按照职责分工及时处理;无权处理的,应当及时移送有权处理的部门处理。收到检举的部门、负责处理的部门应当为检举人保密,不得将检举人姓名和检举材料转给被检举单位和被检举人个人。

条文注释

根据《会计法》的规定,一是鼓励、支持社会监督;二是严肃对待社会监督;三是保护参与社会监督的检举者。任何单位和个人都对会计违法行为有检举权,这是法律规定的权利,不受任何单位和人员的干涉,更不允许任何单位和个人来否定。收到检举的部门有权处理的,应当依法按照职责分工及时处理。对于无权处理的,应当及时移送有权处理的部门处理。这里所指的有权、无权是按职责分工来划分的,职责分工分为部门之间的职责分工和层次之间的职责分工两方面;移送的检举,包括书面的和口头的不同方式的检举。只要是检举会计违法行为的,都应在部门之间采取可行的方式移送。

《会计法》对依法保护检举人的规定为:收到检举的部门、负责处理的部门有义务为检举人保密,这是保护检举人的一项重要的法律措施。凡是接收检举的部门,都有按法律规定保密的义务,不得将检举人姓名和检举材料转给被检举单位和被检举人个人,这是一项禁止性规定。这里所指的转给,应当是指采用不同方式的转给、不同渠道的转给、公开的或者变相的转送。

第二十九条 【审计报告】有关法律、行政法规规定,须经注册会计师进行审计的单位,应当向受委托的会计师事务所如实提供会计凭证、会计账簿、财务会计报告和其他会计资料以及有关情况。

任何单位或者个人不得以任何方式要求或者示意注册会

计师及其所在的会计师事务所出具不实或者不当的审计报告。

财政部门有权对会计师事务所出具审计报告的程序和内容进行监督。

条文注释

社会审计,也称注册会计师审计或独立审计,是指注册会计师依法接受委托、独立执业、有偿为社会提供专业服务的活动。社会审计的产生源于财产所有权和管理权的分离,审计是强制性的和法定的。接受审计的单位,有义务向受委托的会计师事务所如实提供会计凭证、会计账簿、财务会计报告和其他会计资料以及有关情况。《会计法》对委托人以及其他人的违法要求作出禁止性规定,明确各单位必须依法接受社会审计,明确了各单位保证社会审计正常进行的条件和责任。

《注册会计师法》中规定,注册会计师执行审计业务,必须按照执业准则、规则确定的工作程序出具报告,不得有下列行为:(1)明知委托人对重要事项的财务会计处理与国家有关规定相抵触,而不予指明;(2)明知委托人的财务会计处理会直接损害报告使用人或者其他利害关系人的利益,而予以隐瞒或者作不实的报告;(3)明知委托人的财务会计处理会导致报告使用人或者其他利害关系人产生重大误解,而不予指明;(4)明知委托人的会计报表的重要事项有其他不实的内容,而不予指明。注册会计师执行审计业务时,遇有下列情形之一的,应当拒绝出具有关报告:(1)委托人示意其作不实或者不当证明的;(2)委托人故意不提供有关会计资料和文件的;(3)因委托人有其他不合理要求,致使注册会计师出具的报告不能对财务会计的重要事项作出正确表述的。

关联法规

《注册会计师法》第14~22条

第三十条 【财政监督】 财政部门对各单位的下列情况实施监督:

(一)是否依法设置会计账簿;

(二)会计凭证、会计账簿、财务会计报告和其他会计资料是否真实、完整;

(三)会计核算是否符合本法和国家统一的会计制度的规定;

(四)从事会计工作的人员是否具备专业能力、遵守职业道德。

在对前款第(二)项所列事项实施监督,发现重大违法嫌疑时,国务院财政部门及其派出机构可以向与被监督单位有经济业务往来的单位和被监督单位开立账户的金融机构查询有关情况,有关单位和金融机构应当给予支持。

条文注释

财政部门作为办理会计事务进行会计核算和会计监督的主体,依照《会计法》的规定进行会计核算,实行会计监督,既是其法定职责,也是其法定权力。财政部门对各单位经济业务活动及其成果所实行的监督,是政府监督的有效手段之一。

本条第2款的规定,是法律赋予国务院财政部门及其派出机构的一项重要职权,是其实施监督的一种重要手段。"国务院财政部门",根据目前国家的机构设置和职能划分就是指财政部;"派出机构",是指财政部派驻各省、自治区、直辖市和计划单列市的财政监察专员办事处。本条明确赋予了国务院财政部门及其派出机构享有查询的权力,并对有关单位和金融机构设定了法律义务,将这一权力严格限定在国务院财政部门及其派出机构的范围。

关联法规

《财政部门实施会计监督办法》

第三十一条 【其他部门监督】财政、审计、税务、金融管理等部门应当依照有关法律、行政法规规定的职责,对有关单位的会计资料实施监督检查,并出具检查结论。

财政、审计、税务、金融管理等部门应当加强监督检查协作,有关监督检查部门已经作出的检查结论能够满足其他监督检查部门履行本部门职责需要的,其他监督检查部门应当加以利用,避免重复查账。

条文注释

在整个会计监督体系中,政府有关部门的监督是一个重要方面,除财政部门的全面监督外,其他有关部门从专业或者行业的角度对有关单位的会计行为和会计资料实施监督检查,具有针对性强、力度大等特点。为了有效发挥政府有关部门的监督职责,避免权力冲突,本条作此规定,俗称查账,包括检查账簿,进行账账核对、账实核对和账表核对等。

本条两款分别规定了内部监督和外部监督,内部监督一般指单位内部的监督,外部监督一般指国家监督和社会监督。本条第1款列举了四个部门代表国家对各单位的财务工作实行监督;第2款是对第1款所列部门出具的监督检查结论的有关规定。无论哪个部门在依法对有关单位的会计资料实施监督检查后,都应当出具检查结论。检查结论,就是指依照法律、行政法规的规定,检查了有关单位的相关情况、核对有关事实数据之后所得出的结论,反映该单位合法和不合法的方方面面的情况。另外,为了减少企业、事业单位的负担,法律作出了特别规定。有关监督检查部门已经作出的检查结论能够满足其他监督检查部门履行本部门职责需要的,就不再重复查账,以减少重复查账和多头查账,减轻企业、事业单位的负担。

第三十二条 【保密】依法对有关单位的会计资料实施监督检查的部门及其工作人员对在监督检查中知悉的国家秘密、工作秘密、商业秘密、个人隐私、个人信息负有保密义务。

条文注释

本条是比较典型的政府行政权力不得滥用的规定。政府有关部门及其工作人员行使权力的同时要承担相应的义务,权力的行使要有制约。根据本法第31条的规定,有关部门及其工作人员在依法实施监督检查时,有查阅有关单位的会计凭证、会计账簿、会计档案及其他会计资料等的职权,可能还有查询银行资料的职权,这些资料里包括了该单位的基本经营状况或财务情况,甚至包括该单位的商业秘密及国家机密。如果其中有涉及国家秘密的,相关部门有保密义务,也就是要在规定的范围、按照规定的内容、由符合规定的人员知悉相关的国家秘密并不得泄露。其中有涉及商业秘密的,相关部门及其工作人员在监督检查活动过程中,如果其不负责任地将当事人的商业秘密泄露给他人,即构成对他人商业秘密的侵犯,需要承担相应的法律责任。2024年修正《会计法》,新增了相关部门及其工作人员对在监督检查中知悉的工作秘密、个人隐私、个人信息同样负有保密义务,修改后的规定强化了对个人信息的保护。

第三十三条 【接受检查】 各单位必须依照有关法律、行政法规的规定,接受有关监督检查部门依法实施的监督检查,如实提供会计凭证、会计账簿、财务会计报告和其他会计资料以及有关情况,不得拒绝、隐匿、谎报。

第四章 会计机构和会计人员

第三十四条 【机构、人员设置】 各单位应当根据会计业务的需要,依法采取下列一种方式组织本单位的会计工作:

(一)设置会计机构;
(二)在有关机构中设置会计岗位并指定会计主管人员;
(三)委托经批准设立从事会计代理记账业务的中介机构代理记账;

(四)国务院财政部门规定的其他方式。

国有的和国有资本占控股地位或者主导地位的大、中型企业必须设置总会计师。总会计师的任职资格、任免程序、职责权限由国务院规定。

条文注释

本条第1款对各单位依法组织本单位的会计工作作出选择性规定,各单位应当根据会计业务的需要,设置专门的会计机构,或者在有关机构中设置会计岗位并指定会计主管人员,或者委托经批准设立从事会计代理记账业务的中介机构代理记账,或者以国务院财政部门规定的其他方式组织本单位的会计工作。

本条第2款是对总会计师的规定。总会计师是指在单位负责人领导下,主管经济核算和财务会计工作的负责人,直接对单位负责人负责。建立总会计师制度,是我国加强经济核算,发挥会计职能作用的一项重要经验。总会计师由具有会计师以上专业技术任职资格的人员担任,本条第2款还界定了"国有的和国有资本占控股地位或者主导地位的大、中型企业"这样一个范围,总会计师的任职资格、任免程序和职责权限由国务院规定。2024年修正《会计法》时,将2017年《会计法》第36条第2款中的"国有资产"修改为"国有资本"。这意味着各单位在组织会计工作时,有责任根据实际会计业务的需求,选择设立会计机构,设置会计岗位,委托代理记账或采用其他由国务院财政部门规定的合法方式,以确保会计工作的规范性和有效性。本条旨在确保会计机构和会计人员在履行职责时,严格遵守法律法规和国家统一的会计制度,保证会计信息的真实性、准确性和完整性。同时,本条赋予会计机构和会计人员拒绝办理或纠正违法会计事项的权利,以维护会计工作的合法性和规范性。

关联法规

《代理记账管理办法》;《总会计师条例》

第三十五条 【稽核制度】会计机构内部应当建立稽核制度。

出纳人员不得兼任稽核、会计档案保管和收入、支出、费用、债权债务账目的登记工作。

条文注释

本条第1款是法律的强制规定,稽核是稽查和复核的简称,会计机构内部应当建立稽核制度。内部稽核不同于内部审计,前者是会计机构内部的一种工作制度,而后者是单位在会计机构以外另行设置的内部审计机构或者内部审计人员对会计工作进行再检查的一种制度。会计稽核工作按照其范围,可分为全面稽核和重点稽核;按照稽核期间,可分为事前审核和事后复核、日常稽核和临时稽核。会计机构内部稽核的内容主要有:(1)财务、成本、费用等计划指标是否齐全,编制依据是否可靠,有关计算是否正确,各项计划指标是否衔接等;(2)审核实际发生的经济业务或财务收支是否符合有关法律、法规、规章制度的规定;(3)审核会计凭证、会计账簿、会计报表和其他会计资料的内容是否合法、真实、准确、完整,手续是否齐全,是否符合有关法律、法规、规章、制度规定的要求;(4)审核各项财产物资的增减变动和结存情况,账实是否相符等。

本条第2款是对出纳人员禁止兼任其他会计工作岗位的规定。出纳人员根据我国的有关规定和各单位的实际情况,一般有以下职责:(1)办理现金收付和银行结算业务;(2)登记现金和银行存款日记账;(3)保存库存现金和各种有价证券;(4)保管有关印章、空白收据和空白支票。由于上述职责,出纳人员不可既管钱款,又管复核,不可再兼任其他岗位,但可以登记固定资产账簿。

第三十六条 【从业资格】会计人员应当具备从事会计工作所需要的专业能力。

担任单位会计机构负责人(会计主管人员)的,应当具备会计师以上专业技术职务资格或者从事会计工作三年以上经历。

本法所称会计人员的范围由国务院财政部门规定。

条文注释

本条第 1 款对从事会计工作的人员提出了明确的要求,即应当具备从事会计工作所需要的专业能力。

国务院财政部门主管我国的财政经济工作,因此本条第 3 款明确规定本法所称会计人员的范围由国务院财政部门规定。

第二十七条 【业务素质】 会计人员应当遵守职业道德,提高业务素质,严格遵守国家有关保密规定。对会计人员的教育和培训工作应当加强。

条文注释

本条从不同方面、不同角度对会计人员的职业道德、保密意识和业务素质提出了法定的要求,国务院及国务院财政主管部门规定,会计人员有义务树立创新意识,强化终身学习的理念,通过加强学习,树立正确世界观、人生观、价值观,强化职业道德意识;会计人员要提高业务素质,要具备相应的资格,熟悉有关方面的业务知识;会计人员应当严格遵守国家有关保密规定,2024 年《会计法》强调了数据安全在财务数字化转型中的重要性,要求企业在数字化转型过程中加强数据安全管理,确保会计数据不被泄露或滥用;政府主管部门、会计所属单位和会计人员本人要加强再教育和再培训工作,应保证每年要有一段时间有重点、有针对性地参加学习和培训,这既是单位、政府主管部门的义务,也是会计人员本人的权利和义务。

关联法规

《会计专业技术人员继续教育规定》

第二十八条 【限制人员】 因有提供虚假财务会计报告,做假账,隐匿或者故意销毁会计凭证、会计账簿、财务会计报告,贪污,挪用公款,职务侵占等与会计职务有关的违法行为被依法追究刑事责任的人员,不得再从事会计工作。

条文注释

会计人员利用会计职务的便利,进行几种特定的违法行为,被依法追究刑事责任之后,法律强制规定,不得再从事会计工作。

本条规定,从事会计工作的人员违反国家有关法律,利用职务上的便利侵害国家或单位的财产权,提供虚假财务会计报告,做假账,隐匿或者故意销毁会计凭证、会计账簿和财务会计报告,构成犯罪的,明确规定依法追究刑事责任,不得再从事会计工作。

关联法规

《刑法》第 162 条之一

第三十九条 【交接】会计人员调动工作或者离职,必须与接管人员办清交接手续。

一般会计人员办理交接手续,由会计机构负责人(会计主管人员)监交;会计机构负责人(会计主管人员)办理交接手续,由单位负责人监交,必要时主管单位可以派人会同监交。

条文注释

会计人员调动工作、离职或者因病暂时不能工作,应与接管人员办理工作交接手续。移交人员对移交的会计凭证、会计账簿、会计报表和其他会计资料的合法性、真实性承担法律责任。会计资料移交后,如发现是在其经办会计工作期间内所发生的问题,由原移交人员负责。

本条第 2 款是关于专人负责监交的问题,分两种监交:一是一般会计人员办理交接手续,由会计机构负责人(会计主管人员)监交,是单位内部负责人员对一般会计人员的监交;二是会计机构负责人(会计主管人员)办理交接手续,一般由单位负责人监交,必要时由主管单位派人会同负责人监交。移交清册应当经过监交人员审查和签名、盖章,作为交接双方明确责任的证件。主管单位派人会同监交,一般有以下几种情况:一是所属单位领导不能监交的,如在单位撤并时需要由主管单位派人监交;二是在所属单位领导人不能尽快监交时,需要由主管单位督促监交;三是不宜由所属单位单独监交的,需要由主管单位与所属单位领导人会同监交。

第五章　法律责任

第四十条　【行政处分】违反本法规定,有下列行为之一的,由县级以上人民政府财政部门责令限期改正,给予警告、通报批评,对单位可以并处二十万元以下的罚款,对其直接负责的主管人员和其他直接责任人员可以处五万元以下的罚款;情节严重的,对单位可以并处二十万元以上一百万元以下的罚款,对其直接负责的主管人员和其他直接责任人员可以处五万元以上五十万元以下的罚款;属于公职人员的,还应当依法给予处分:

(一)不依法设置会计账簿的;

(二)私设会计账簿的;

(三)未按照规定填制、取得原始凭证或者填制、取得的原始凭证不符合规定的;

(四)以未经审核的会计凭证为依据登记会计账簿或者登记会计账簿不符合规定的;

(五)随意变更会计处理方法的;

(六)向不同的会计资料使用者提供的财务会计报告编制依据不一致的;

(七)未按照规定使用会计记录文字或者记账本位币的;

(八)未按照规定保管会计资料,致使会计资料毁损、灭失的;

(九)未按照规定建立并实施单位内部会计监督制度或者拒绝依法实施的监督或者不如实提供有关会计资料及有关情况的;

(十)任用会计人员不符合本法规定的。

有前款所列行为之一,构成犯罪的,依法追究刑事责任。

会计人员有第一款所列行为之一,情节严重的,五年内不得从事会计工作。

有关法律对第一款所列行为的处罚另有规定的,依照有关法律的规定办理。

条文注释

任何单位或者个人违反本条所规定的十种行为的,都应当追究有关单位和个人的法律责任。对违法行为的处罚包括以下几方面的内容:

1. 责令限期改正。所谓责令限期改正,是指要求违法行为人在一定期限内停止违法行为并将其违法行为恢复到合法状态。违法单位或者个人应当按照县级以上人民政府财政部门的责令限期改正决定的要求,停止违法行为,纠正错误。

2. 罚款。县级以上人民政府财政部门根据上述违法行为的性质、情节及危害程度,在责令限期改正的同时,可以对单位、主管人员和其他直接责任人员处以罚款。

3. 给予处分。对上述违法行为直接负责的主管人员和其他直接责任人员中的公职人员,视情节轻重,还应当由其所在单位或者其上级单位或者行政监察部门给予警告、记过、记大过、降级、降职、撤职、开除等处分。

4. 五年内不得从事会计工作。会计人员有违法违纪行为,情节严重的,五年内不得从事会计工作。

5. 依法追究刑事责任。我国《刑法》并没有对上述所列行为单独明确规定为犯罪,但是,行为人为偷逃税款、骗取出口退税、贪污、挪用公款等目的,从事了上述行为,造成了严重后果,按照《刑法》的有关规定,构成犯罪的,应当依照规定分别定罪、量刑。

有关法律对上述会计违法行为的处罚另有处理的规定。有关法律根据其立法目的不同和实际需要,对上述所列行为的处罚另有规定的,应当根据特别法优于普通法的原则,在对前述违法行为进行处罚时,按照该法律的规定办理。

第四十一条　【伪造、变造、隐匿、销毁】伪造、变造会计凭证、会计账簿,编制虚假财务会计报告,隐匿或者故意销毁依法应当保存的会计凭证、会计账簿、财务会计报告的,由县级以上人民政府财政部门责令限期改正,给予警告、通报批评,没收违法所得,违法所得二十万元以上的,对单位可以并处违法所得一倍以上十倍以下的罚款,没有违法所得或者违法所得不足二十万元的,可以并处二十万元以上二百万元以下的罚款;对其直接负责的主管人员和其他直接责任人员可以处十万元以上五十万元以下的罚款,情节严重的,可以处五十万元以上二百万元以下的罚款;属于公职人员的,还应当依法给予处分;其中的会计人员,五年内不得从事会计工作;构成犯罪的,依法追究刑事责任。

第四十二条　【授意、指使、强令】授意、指使、强令会计机构、会计人员及其他人员伪造、变造会计凭证、会计账簿,编制虚假财务会计报告或者隐匿、故意销毁依法应当保存的会计凭证、会计账簿、财务会计报告的,由县级以上人民政府财政部门给予警告、通报批评,可以并处二十万元以上一百万元以下的罚款;情节严重的,可以并处一百万元以上五百万元以下的罚款;属于公职人员的,还应当依法给予处分;构成犯罪的,依法追究刑事责任。

条文注释

2024年《会计法》大幅提高了违法行为处罚力度,这主要体现在更高的处罚金额上。

本法第41条规定,伪造、变造会计凭证、会计账簿,编制虚假财务会计报告,隐匿或者故意销毁依法应当保存的会计凭证、会计账簿、财务会计报告的,由县级以上人民政府财政部门责令限期改正,给予警告、通报批评,没收违法所得,违法所得20万元以上的,对单位可以并处违法所得1倍以上10倍以下的罚款,没有违法所得或者违法所得不足20万元的,可以并处20万元以上200万元以下的罚款。这相比2017年《会计法》中规定的最高10万元的罚款上限来说,力度显然大幅提高。

2024年《会计法》对直接负责的主管人员和其他直接责任人员的罚款上限由原来的5万元提升到200万元,是原来的40倍。

本法第42条规定,授意、指使、强令会计机构、会计人员及其他人员伪造、变造会计凭证、会计账簿,编制虚假财务会计报告等行为,情节严重的,可以并处100万元以上500万元以下的罚款。2017年《会计法》中规定的最高罚款额仅为5万元,2024年《会计法》将这一罚款额提高至最高500万元,是原来的100倍。

第四十三条 【打击报复】单位负责人对依法履行职责、抵制违反本法规定行为的会计人员以降级、撤职、调离工作岗位、解聘或者开除等方式实行打击报复的,依法给予处分;构成犯罪的,依法追究刑事责任。对受打击报复的会计人员,应当恢复其名誉和原有职务、级别。

条文注释

依法进行会计核算,实行会计监督,是法律赋予会计人员的基本职责,也是保证会计凭证、会计账簿、财务会计报告及其他会计资料真实、完整、合法的重要手段,会计人员依法履行职责的行为受法律保护。根据《刑法》第255条的规定,公司、企业、事业单位、机关、团体的领导人对依法履行职责、抵制违反《会计法》规定行为的会计人员实行打击报复,情节恶劣的,构成打击报复会计人员罪。单位负责人对依法履行职责、抵制违反《会计法》规定行为的会计人员实行打击报复,情节轻微,危害性不大,按照《刑法》的有关规定,依法给予处分;构成犯罪的,依法追究刑事责任。对受打击报复的会计人员,应当按照本条的规定,采取必要的补救措施,主要包括:(1)恢复其名誉;(2)恢复其原有职务、级别。

第五章 法律责任

第四十四条 【渎职】财政部门及有关行政部门的工作人员在实施监督管理中滥用职权、玩忽职守、徇私舞弊或者泄露国家秘密、工作秘密、商业秘密、个人隐私、个人信息的,依法给予处分;构成犯罪的,依法追究刑事责任。

条文注释

本法规定,国务院财政部门主管全国的会计工作,县级以上地方人民政府财政部门管理本行政区域内的会计工作,依法对各单位的会计工作实施监督,在监督管理中,应当严格按照法律、行政法规规定的职责权限、方式和程序履行职责,忠于职守、秉公执法,不得滥用职权、玩忽职守、徇私舞弊,不得泄露其在实施监督管理中获得的国家秘密、工作秘密、商业秘密、个人隐私、个人信息。其中"滥用职权",是指财政部门及有关行政部门的工作人员违反法律规定的职责权限和程序滥用职权或者超越职权的行为;"玩忽职守",是指财政部门及有关行政部门的工作人员不履行、不正确履行或者放弃履行职责的行为;"徇私舞弊",是指财政部门及有关行政部门的工作人员徇个人私利或者亲友私情从事玩忽职守、滥用职权的行为;"泄露国家秘密",是指财政部门及有关行政部门的工作人员将其掌握或者知悉的国家秘密因故意或者过失让不应知悉者知悉的行为;"泄露商业秘密",是指财政部门及有关行政部门的工作人员披露、使用或者允许他人使用其在执行公务过程中获取的权利人商业秘密的行为。

第四十五条 【检举人权益保护】违反本法规定,将检举人姓名和检举材料转给被检举单位和被检举人个人的,依法给予处分。

条文注释

检举人的合法权益受法律保护。认真、及时处理各单位和个人的检举,是各级政府及其有关部门的一项重要职责,收到检举的部门应当按照职责分工及时处理;无权处理的,应当及时移送有权处理的部门处理,收到检举的部门和负责处理的部门负有为检举人保密的义务。将检举人姓名和检举材料转给被检举单位和被检举人个人的,应当按照本条的规定追究法律责任,依法给予相应的处分。

第四十六条 【同位法补充规定】违反本法规定,但具有《中华人民共和国行政处罚法》规定的从轻、减轻或者不予处罚情形的,依照其规定从轻、减轻或者不予处罚。

条文注释

本条是2024年《会计法》新增加的条文,《行政处罚法》和《会计法》同为全国人民代表大会常务委员会修订(正),属于同位法具有同等法律效力。这样规定不仅强化了同位法之间相互补充,而且体现了法的人情味。

第四十七条 【法条竞合】因违反本法规定受到处罚的,按照国家有关规定记入信用记录。

违反本法规定,同时违反其他法律规定的,由有关部门在各自职权范围内依法进行处罚。

条文注释

本条第1款是2024年《会计法》新增加的内容,该规定将会对相关违法人员未来生活造成极大的不利影响,比如无法再申请贷款、不能再办理信用卡、影响个人出行和个人消费等,进一步加大了违法人员违法行为的成本。

为了保证会计资料的真实性、完整性,除《会计法》以外,其他法律也对相关单位的会计工作作出了相应的规范,并赋予税务、审计、人民银行、证券监管、保险监管等部门对有关会计工作实施监督管理并对相关会计违法行为进行处罚的职权。除本法外,还有一些有关法律对会计违法行为及其处罚的规定,主要包括《审计法》《商业银行法》《证券法》《保险法》《税收征收管理法》等。

根据本条第2款规定,违反《会计法》同时违反其他法律规定的行为构成犯罪的,除由司法机关依法追究刑事责任外,其他对会计违法行为依法享有行政处罚权的机关,对尚不构成犯罪的会计违法行为,依照法律规定的职权予以处罚。但是,对同一违法当事人的同一违法行为,不得给予二次以上罚款的行政处罚,这是《行政处罚法》规定的一项原则。理解这一原则,应当把握以下两点:(1)同一违法行为同时违反两个以上的法律规范,应当处以罚款的行政处罚时,由某一个法律规定的处罚机关依据该法律的规定进行处罚。(2)如果某一个处罚机关已对违法行为人给予了罚款处罚,其他机关不得再对同一违法当事人的同一违法行为给予罚款处罚。

第六章 附 则

第四十八条 【用语含义】本法下列用语的含义:

单位负责人,是指单位法定代表人或者法律、行政法规规定代表单位行使职权的主要负责人。

国家统一的会计制度,是指国务院财政部门根据本法制定的关于会计核算、会计监督、会计机构和会计人员以及会计工作管理的制度。

条文注释

本条对单位负责人的含义作了明确规定。单位负责人中的"单位",是指国家机关、社会团体、公司、企业、事业单位和其他组织,其中有些是法人,如公司、机关法人、事业法人等,有些是非法人组织,如合伙企业、个人独资企业等。单位负责人对本单位的会计工作和会计资料的真实性、完整性负责。应当保证会计机构、会计人员依法履行职责,不得授意、指使、强令会计机构、会计人员违法办理会计事项。

本条所称的"单位负责人"分两种情况:(1)如果单位为法人,则单位负责人是指单位的法定代表人;(2)如果单位为非法人,则其负责人是指法律、行政法规规定代表单位行使职权的主要负责人。后者也包括两种情形:一是法律、行政法规明确规定代表单位行使职权或者对外代表单位的人员;二是法律、行政法规规定需要办理登记手续的单位,要求其章程或者登记文件中载明主要负责人的,所载明的主要负责人为其负责人。对于外国企业常驻代表机构,其在工商行政部门领取的登记证中载明的主要负责人员为其负责人。

本条规定的国家统一的会计制度包含以下三层含义:(1)国家统一的会计制度是由国务院财政部门统一制定的;(2)国家统一的会计制度应当依据本法制定;(3)国家统一的会计制度是关于会计核算、会计监督、会计机构和会计人员以及会计工作管理的制度。

第四十九条 【会计制度】中央军事委员会有关部门可以依照本法和国家统一的会计制度制定军队实施国家统一的会计制度的具体办法,抄送国务院财政部门。

第五十条 【个体户】个体工商户会计管理的具体办法,由国务院财政部门根据本法的原则另行规定。

条文注释

个体工商户,是指以个人财产或者家庭财产作为经营资本,依法经核准登记,并在法定的范围内从事非农业经营活动的个体经营者。个体工商户办理会计事务,原则上不适用本法。2024年《会计法》未将个体工商户列入本法的调整范围,由国务院财政部门根据本法的原则另行规定。"根据本法的原则",是指根据本法规定的关于设置会计管理的基本原则,主要包括:(1)按照规定应当设置会计账簿、进行会计核算的个体工商户,必须依法设置会计账簿,并保证其真实、完整;(2)个体工商户业主对其会计工作和会计资料的真实性、完整性负责;(3)个体工商户必须根据实际发生的经济业务事项进行会计核算,不得以虚假的经济业务事项或者资料进行会计核算;(4)不得伪造、变造会计凭证、会计账簿及其他会计资料,不得提供虚假的财务会计报告;(5)各项经济业务应当在依法设置的会计账簿上统一登记、核算,不得违反本法和国家统一的会计制度的规定私设会计账簿登记核算等。

第五十一条 【施行日期】本法自 2000 年 7 月 1 日起施行。

条文注释

本法施行前颁布的会计法律、行政法规、地方性法规及部门规章的内容与本法不符的,自动失去效力,国家有关部门应当对与本法不符的内容予以修改或者废止。各单位的会计行为以及会计主管部门的会计工作监督管理行为,不符合本法规定的,应当根据本法的规定改正,使之符合本法的要求。本法不具有法律上的溯及力。法律的溯及力是指法律溯及既往的效力,即法律不仅适用于其施行后所发生的行为,而且适用于其施行前所发生的行为,本法只适用于其施行以后的行为。

附录

中华人民共和国注册会计师法

(1993年10月31日第八届全国人民代表大会常务委员会第四次会议通过 根据2014年8月31日第十二届全国人民代表大会常务委员会第十次会议《关于修改〈中华人民共和国保险法〉等五部法律的决定》修正)

第一章 总 则

第一条 为了发挥注册会计师在社会经济活动中的鉴证和服务作用,加强对注册会计师的管理,维护社会公共利益和投资者的合法权益,促进社会主义市场经济的健康发展,制定本法。

第二条 注册会计师是依法取得注册会计师证书并接受委托从事审计和会计咨询、会计服务业务的执业人员。

第三条 会计师事务所是依法设立并承办注册会计师业务的机构。

注册会计师执行业务,应当加入会计师事务所。

第四条 注册会计师协会是由注册会计师组成的社会团体。中国注册会计师协会是注册会计师的全国组织,省、自治区、直辖市注册会计师协会是注册会计师的地方组织。

第五条 国务院财政部门和省、自治区、直辖市人民政府财政部门,依法对注册会计师、会计师事务所和注册会计师协会进行监督、指导。

第六条 注册会计师和会计师事务所执行业务,必须遵守法律、行政法规。

注册会计师和会计师事务所依法独立、公正执行业务,受法律保护。

第二章　考试和注册

第七条　国家实行注册会计师全国统一考试制度。注册会计师全国统一考试办法,由国务院财政部门制定,由中国注册会计师协会组织实施。

第八条　具有高等专科以上学校毕业的学历、或者具有会计或者相关专业中级以上技术职称的中国公民,可以申请参加注册会计师全国统一考试;具有会计或者相关专业高级技术职称的人员,可以免予部分科目的考试。

第九条　参加注册会计师全国统一考试成绩合格,并从事审计业务工作二年以上的,可以向省、自治区、直辖市注册会计师协会申请注册。

除有本法第十条所列情形外,受理申请的注册会计师协会应当准予注册。

第十条　有下列情形之一的,受理申请的注册会计师协会不予注册:

(一)不具有完全民事行为能力的;

(二)因受刑事处罚,自刑罚执行完毕之日起至申请注册之日止不满五年的;

(三)因在财务、会计、审计、企业管理或者其他经济管理工作中犯有严重错误受行政处罚、撤职以上处分,自处罚、处分决定之日起至申请注册之日止不满二年的;

(四)受吊销注册会计师证书的处罚,自处罚决定之日起至申请注册之日止不满五年的;

(五)国务院财政部门规定的其他不予注册的情形的。

第十一条　注册会计师协会应当将准予注册的人员名单报国务院财政部门备案。国务院财政部门发现注册会计师协会的注册不符合本法规定的,应当通知有关的注册会计师协会撤销注册。

注册会计师协会依照本法第十条的规定不予注册的,应当自决定之日起十五日内书面通知申请人。申请人有异议的,可以自收到通知之日起十五日内向国务院财政部门或者省、自治区、直辖市人民政府财政部门申请复议。

第十二条　准予注册的申请人,由注册会计师协会发给国务院财政部门统一制定的注册会计师证书。

第十三条　已取得注册会计师证书的人员,除本法第十一条第一款规定的情形外,注册后有下列情形之一的,由准予注册的注册会计师协会撤销注册,收回注册会计师证书:

(一)完全丧失民事行为能力的;

(二)受刑事处罚的;

(三)因在财务、会计、审计、企业管理或者其他经济管理工作中犯有严重错误受行政处罚、撤职以上处分的;

(四)自行停止执行注册会计师业务满一年的。

被撤销注册的当事人有异议的,可以自接到撤销注册、收回注册会计师证书的通知之日起十五日内向国务院财政部门或者省、自治区、直辖市人民政府财政部门申请复议。

依照第一款规定被撤销注册的人员可以重新申请注册,但必须符合本法第九条、第十条的规定。

第三章　业务范围和规则

第十四条　注册会计师承办下列审计业务:

(一)审查企业会计报表,出具审计报告;

(二)验证企业资本,出具验资报告;

(三)办理企业合并、分立、清算事宜中的审计业务,出具有关的报告;

(四)法律、行政法规规定的其他审计业务。

注册会计师依法执行审计业务出具的报告,具有证明效力。

第十五条　注册会计师可以承办会计咨询、会计服务业务。

第十六条　注册会计师承办业务,由其所在的会计师事务所统一受理并与委托人签订委托合同。

会计师事务所对本所注册会计师依照前款规定承办的业务,承担民事责任。

第十七条　注册会计师执行业务,可以根据需要查阅委托人的有关会计资料和文件,查看委托人的业务现场和设施,要求委托人提供其他必要的协助。

第十八条　注册会计师与委托人有利害关系的,应当回避;委托人有权要求其回避。

第十九条 注册会计师对在执行业务中知悉的商业秘密,负有保密义务。

第二十条 注册会计师执行审计业务,遇有下列情形之一的,应当拒绝出具有关报告:

(一)委托人示意其作不实或者不当证明的;

(二)委托人故意不提供有关会计资料和文件的;

(三)因委托人有其他不合理要求,致使注册会计师出具的报告不能对财务会计的重要事项作出正确表述的。

第二十一条 注册会计师执行审计业务,必须按照执业准则、规则确定的工作程序出具报告。

注册会计师执行审计业务出具报告时,不得有下列行为:

(一)明知委托人对重要事项的财务会计处理与国家有关规定相抵触,而不予指明;

(二)明知委托人的财务会计处理会直接损害报告使用人或者其他利害关系人的利益,而予以隐瞒或者作不实的报告;

(三)明知委托人的财务会计处理会导致报告使用人或者其他利害关系人产生重大误解,而不予指明;

(四)明知委托人的会计报表的重要事项有其他不实的内容,而不予指明。

对委托人有前款所列行为,注册会计师按照执业准则、规则应当知道的,适用前款规定。

第二十二条 注册会计师不得有下列行为:

(一)在执行审计业务期间,在法律、行政法规规定不得买卖被审计单位的股票、债券或者不得购买被审计单位或者个人的其他财产的期限内,买卖被审计单位的股票、债券或者购买被审计单位或者个人所拥有的其他财产;

(二)索取、收受委托合同约定以外的酬金或者其他财物,或者利用执行业务之便,谋取其他不正当的利益;

(三)接受委托催收债款;

(四)允许他人以本人名义执行业务;

(五)同时在两个或者两个以上的会计师事务所执行业务;

（六）对其能力进行广告宣传以招揽业务；
（七）违反法律、行政法规的其他行为。

第四章 会计师事务所

第二十三条 会计师事务所可以由注册会计师合伙设立。

合伙设立的会计师事务所的债务，由合伙人按照出资比例或者协议的约定，以各自的财产承担责任。合伙人对会计师事务所的债务承担连带责任。

第二十四条 会计师事务所符合下列条件的，可以是负有限责任的法人：

（一）不少于三十万元的注册资本；

（二）有一定数量的专职从业人员，其中至少有五名注册会计师；

（三）国务院财政部门规定的业务范围和其他条件。

负有限责任的会计师事务所以其全部资产对其债务承担责任。

第二十五条 设立会计师事务所，由省、自治区、直辖市人民政府财政部门批准。

申请设立会计师事务所，申请者应当向审批机关报送下列文件：

（一）申请书；

（二）会计师事务所的名称、组织机构和业务场所；

（三）会计师事务所章程，有合伙协议的并应报送合伙协议；

（四）注册会计师名单、简历及有关证明文件；

（五）会计师事务所主要负责人、合伙人的姓名、简历及有关证明文件；

（六）负有限责任的会计师事务所的出资证明；

（七）审批机关要求的其他文件。

第二十六条 审批机关应当自收到申请文件之日起三十日内决定批准或者不批准。

省、自治区、直辖市人民政府财政部门批准的会计师事务所，应当报国务院财政部门备案。国务院财政部门发现批准不当的，应当自收到备案报告之日起三十日内通知原审批机关重新审查。

第二十七条 会计师事务所设立分支机构，须经分支机构所在地的省、自治区、直辖市人民政府财政部门批准。

第二十八条　会计师事务所依法纳税。

会计师事务所按照国务院财政部门的规定建立职业风险基金,办理职业保险。

第二十九条　会计师事务所受理业务,不受行政区域、行业的限制;但是,法律、行政法规另有规定的除外。

第三十条　委托人委托会计师事务所办理业务,任何单位和个人不得干预。

第三十一条　本法第十八条至第二十一条的规定,适用于会计师事务所。

第三十二条　会计师事务所不得有本法第二十二条第(一)项至第(四)项、第(六)项、第(七)项所列的行为。

第五章　注册会计师协会

第三十三条　注册会计师应当加入注册会计师协会。

第三十四条　中国注册会计师协会的章程由全国会员代表大会制定,并报国务院财政部门备案;省、自治区、直辖市注册会计师协会的章程由省、自治区、直辖市会员代表大会制定,并报省、自治区、直辖市人民政府财政部门备案。

第三十五条　中国注册会计师协会依法拟订注册会计师执业准则、规则,报国务院财政部门批准后施行。

第三十六条　注册会计师协会应当支持注册会计师依法执行业务,维护其合法权益,向有关方面反映其意见和建议。

第三十七条　注册会计师协会应当对注册会计师的任职资格和执业情况进行年度检查。

第三十八条　注册会计师协会依法取得社会团体法人资格。

第六章　法　律　责　任

第三十九条　会计师事务所违反本法第二十条、第二十一条规定的,由省级以上人民政府财政部门给予警告,没收违法所得,可以并处违法所得一倍以上五倍以下的罚款;情节严重的,并可以由省级以上人民政府财政部门暂停其经营业务或者予以撤销。

注册会计师违反本法第二十条、第二十一条规定的,由省级以上人民政府财政部门给予警告;情节严重的,可以由省级以上人民政府财政部门暂停其执行业务或者吊销注册会计师证书。

会计师事务所、注册会计师违反本法第二十条、第二十一条的规定,故意出具虚假的审计报告、验资报告,构成犯罪的,依法追究刑事责任。

第四十条 对未经批准承办本法第十四条规定的注册会计师业务的单位,由省级以上人民政府财政部门责令其停止违法活动,没收违法所得,可以并处违法所得一倍以上五倍以下的罚款。

第四十一条 当事人对行政处罚决定不服的,可以在接到处罚通知之日起十五日内向作出处罚决定的机关的上一级机关申请复议;当事人也可以在接到处罚决定通知之日起十五日内直接向人民法院起诉。

复议机关应当在接到复议申请之日起六十日内作出复议决定。当事人对复议决定不服的,可以在接到复议决定之日起十五日内向人民法院起诉。复议机关逾期不作出复议决定的,当事人可以在复议期满之日起十五日内向人民法院起诉。

当事人逾期不申请复议,也不向人民法院起诉,又不履行处罚决定的,作出处罚决定的机关可以申请人民法院强制执行。

第四十二条 会计师事务所违反本法规定,给委托人、其他利害关系人造成损失的,应当依法承担赔偿责任。

第七章 附 则

第四十三条 在审计事务所工作的注册审计师,经认定为具有注册会计师资格的,可以执行本法规定的业务,其资格认定和对其监督、指导、管理的办法由国务院另行规定。

第四十四条 外国人申请参加中国注册会计师全国统一考试和注册,按照互惠原则办理。

外国会计师事务所需要在中国境内临时办理有关业务的,须经有关的省、自治区、直辖市人民政府财政部门批准。

第四十五条 国务院可以根据本法制定实施条例。

第四十六条 本法自 1994 年 1 月 1 日起施行。1986 年 7 月 3 日国务院发布的《中华人民共和国注册会计师条例》同时废止。

总会计师条例

(1990 年 12 月 31 日国务院令第 72 号公布　根据 2011 年 1 月 8 日国务院令第 588 号《关于废止和修改部分行政法规的决定》修订)

第一章　总　　则

第一条 为了确定总会计师的职权和地位,发挥总会计师在加强经济管理、提高经济效益中的作用,制定本条例。

第二条 全民所有制大、中型企业设置总会计师;事业单位和业务主管部门根据需要,经批准可以设置总会计师。

总会计师的设置、职权、任免和奖惩,依照本条例的规定执行。

第三条 总会计师是单位行政领导成员,协助单位主要行政领导人工作,直接对单位主要行政领导人负责。

第四条 凡设置总会计师的单位,在单位行政领导成员中,不设与总会计师职权重叠的副职。

第五条 总会计师组织领导本单位的财务管理、成本管理、预算管理、会计核算和会计监督等方面的工作,参与本单位重要经济问题的分析和决策。

第六条 总会计师具体组织本单位执行国家有关财经法律、法规、方针、政策和制度,保护国家财产。

总会计师的职权受国家法律保护。单位主要行政领导人应当支持并保障总会计师依法行使职权。

第二章 总会计师的职责

第七条 总会计师负责组织本单位的下列工作:

(一)编制和执行预算、财务收支计划、信贷计划,拟订资金筹措和使用方案,开辟财源,有效地使用资金;

(二)进行成本费用预测、计划、控制、核算、分析和考核,督促本单位有关部门降低消耗、节约费用、提高经济效益;

(三)建立、健全经济核算制度,利用财务会计资料进行经济活动分析;

(四)承办单位主要行政领导人交办的其他工作。

第八条 总会计师负责对本单位财会机构的设置和会计人员的配备、会计专业职务的设置和聘任提出方案;组织会计人员的业务培训和考核;支持会计人员依法行使职权。

第九条 总会计师协助单位主要行政领导人对企业的生产经营、行政事业单位的业务发展以及基本建设投资等问题作出决策。

总会计师参与新产品开发、技术改造、科技研究、商品(劳务)价格和工资奖金等方案的制定;参与重大经济合同和经济协议的研究、审查。

第三章 总会计师的权限

第十条 总会计师对违反国家财经法律、法规、方针、政策、制度和有可能在经济上造成损失、浪费的行为,有权制止或者纠正。制止或者纠正无效时,提请单位主要行政领导人处理。

单位主要行政领导人不同意总会计师对前款行为的处理意见的,总会计师应当依照《中华人民共和国会计法》的有关规定执行。

第十一条 总会计师有权组织本单位各职能部门、直属基层组织的经济核算、财务会计和成本管理方面的工作。

第十二条 总会计师主管审批财务收支工作。除一般的财务收支可以由总会计师授权的财会机构负责人或者其他指定人员审批外,重大的财务收支,须经总会计师审批或者由总会计师报单位主要行政领导人批准。

第十三条 预算、财务收支计划、成本和费用计划、信贷计划、财务专题报告、会计决算报表,须经总会计师签署。

涉及财务收支的重大业务计划、经济合同、经济协议等,在单位内部须经总会计师会签。

第十四条 会计人员的任用、晋升、调动、奖惩,应当事先征求总会计师的意见。财会机构负责人或者会计主管人员的人选,应当由总会计师进行业务考核,依照有关规定审批。

第四章 任免与奖惩

第十五条 企业的总会计师由本单位主要行政领导人提名,政府主管部门任命或者聘任;免职或者解聘程序与任命或者聘任程序相同。

事业单位和业务主管部门的总会计师依照干部管理权限任命或者聘任;免职或者解聘程序与任命或者聘任程序相同。

第十六条 总会计师必须具备下列条件:

(一)坚持社会主义方向,积极为社会主义建设和改革开放服务;

(二)坚持原则,廉洁奉公;

(三)取得会计师任职资格后,主管一个单位或者单位内一个重要方面的财务会计工作时间不少于三年;

(四)有较高的理论政策水平,熟悉国家财经法律、法规、方针、政策和制度,掌握现代化管理的有关知识;

(五)具备本行业的基本业务知识,熟悉行业情况,有较强的组织领导能力;

(六)身体健康,能胜任本职工作。

第十七条 总会计师在工作中成绩显著,有下列情形之一的,依照国家有关企业职工或者国家行政机关工作人员奖惩的规定给予奖励:

(一)在加强财务会计管理,应用现代化会计方法和技术手段,提高财务管理水平和经济效益方面,取得显著成绩的;

(二)在组织经济核算,挖掘增产节约、增收节支潜力,加速资金周转,提高资金使用效果方面,取得显著成绩的;

(三)在维护国家财经纪律,抵制违法行为,保护国家财产,防止或者避

免国家财产遭受重大损失方面,有突出贡献的;

(四)在廉政建设方面,事迹突出的;

(五)有其他突出成就或者模范事迹的。

第十八条 总会计师在工作中有下列情形之一的,应当区别情节轻重,依照国家有关企业职工或者国家行政机关工作人员奖惩的规定给予处分:

(一)违反法律、法规、方针、政策和财经制度,造成财会工作严重混乱的;

(二)对偷税漏税、截留应当上交国家的收入,滥发奖金、补贴,挥霍浪费国家资财,损害国家利益的行为,不抵制、不制止、不报告,致使国家利益遭受损失的;

(三)在其主管的工作范围内发生严重失误,或者由于玩忽职守,致使国家利益遭受损失的;

(四)以权谋私,弄虚作假,徇私舞弊,致使国家利益遭受损失,或者造成恶劣影响的;

(五)有其他渎职行为和严重错误的。

总会计师有前款所列行为,情节严重,构成犯罪的,由司法机关依法追究刑事责任。

第十九条 单位主要行政领导人阻碍总会计师行使职权的,以及对其打击报复或者变相打击报复的,上级主管单位应当根据情节给予行政处分。情节严重,构成犯罪的,由司法机关依法追究刑事责任。

第五章 附 则

第二十条 城乡集体所有制企业事业单位需要设置总会计师的,参照本条例执行。

第二十一条 各省、自治区、直辖市,国务院各部门可以根据本条例的规定,结合本地区、本部门的实际情况制定实施办法。

第二十二条 本条例由财政部负责解释。

第二十三条 本条例自发布之日起施行。1963年10月18日国务院批转国家经济委员会、财政部《关于国营工业、交通企业设置总会计师的几项规定(草案)》、1978年9月12日国务院发布的《会计人员职权条例》中有关总会计师的规定同时废止。

企业财务会计报告条例

(2000年6月21日国务院令第287号公布
自2001年1月1日起施行)

第一章 总 则

第一条 为了规范企业财务会计报告,保证财务会计报告的真实、完整,根据《中华人民共和国会计法》,制定本条例。

第二条 企业(包括公司,下同)编制和对外提供财务会计报告,应当遵守本条例。

本条例所称财务会计报告,是指企业对外提供的反映企业某一特定日期财务状况和某一会计期间经营成果、现金流量的文件。

第三条 企业不得编制和对外提供虚假的或者隐瞒重要事实的财务会计报告。

企业负责人对本企业财务会计报告的真实性、完整性负责。

第四条 任何组织或者个人不得授意、指使、强令企业编制和对外提供虚假的或者隐瞒重要事实的财务会计报告。

第五条 注册会计师、会计师事务所审计企业财务会计报告,应当依照有关法律、行政法规以及注册会计师执业规则的规定进行,并对所出具的审计报告负责。

第二章 财务会计报告的构成

第六条 财务会计报告分为年度、半年度、季度和月度财务会计报告。

第七条 年度、半年度财务会计报告应当包括：

（一）会计报表；

（二）会计报表附注；

（三）财务情况说明书。

会计报表应当包括资产负债表、利润表、现金流量表及相关附表。

第八条 季度、月度财务会计报告通常仅指会计报表，会计报表至少应当包括资产负债表和利润表。国家统一的会计制度规定季度、月度财务会计报告需要编制会计报表附注的，从其规定。

第九条 资产负债表是反映企业在某一特定日期财务状况的报表。资产负债表应当按照资产、负债和所有者权益（或者股东权益，下同）分类分项列示。其中，资产、负债和所有者权益的定义及列示应当遵循下列规定：

（一）资产，是指过去的交易、事项形成并由企业拥有或者控制的资源，该资源预期会给企业带来经济利益。在资产负债表上，资产应当按照其流动性分类分项列示，包括流动资产、长期投资、固定资产、无形资产及其他资产。银行、保险公司和非银行金融机构的各项资产有特殊性的，按照其性质分类分项列示。

（二）负债，是指过去的交易、事项形成的现时义务，履行该义务预期会导致经济利益流出企业。在资产负债表上，负债应当按照其流动性分类分项列示，包括流动负债、长期负债等。银行、保险公司和非银行金融机构的各项负债有特殊性的，按照其性质分类分项列示。

（三）所有者权益，是指所有者在企业资产中享有的经济利益，其金额为资产减去负债后的余额。在资产负债表上，所有者权益应当按照实收资本（或者股本）、资本公积、盈余公积、未分配利润等项目分项列示。

第十条 利润表是反映企业在一定会计期间经营成果的报表。利润表应当按照各项收入、费用以及构成利润的各个项目分类分项列示。其中，收入、费用和利润的定义及列示应当遵循下列规定：

（一）收入，是指企业在销售商品、提供劳务及让渡资产使用权等日常活动中所形成的经济利益的总流入。收入不包括为第三方或者客户代收的款项。在利润表上，收入应当按照其重要性分项列示。

（二）费用，是指企业为销售商品、提供劳务等日常活动所发生的经济利益的流出。在利润表上，费用应当按照其性质分项列示。

（三）利润，是指企业在一定会计期间的经营成果。在利润表上，利润应当按照营业利润、利润总额和净利润等利润的构成分类分项列示。

第十一条 现金流量表是反映企业一定会计期间现金和现金等价物（以下简称现金）流入和流出的报表。现金流量表应当按照经营活动、投资活动和筹资活动的现金流量分类分项列示。其中，经营活动、投资活动和筹资活动的定义及列示应当遵循下列规定：

（一）经营活动，是指企业投资活动和筹资活动以外的所有交易和事项。在现金流量表上，经营活动的现金流量应当按照其经营活动的现金流入和流出的性质分项列示；银行、保险公司和非银行金融机构的经营活动按照其经营活动特点分项列示。

（二）投资活动，是指企业长期资产的购建和不包括在现金等价物范围内的投资及其处置活动。在现金流量表上，投资活动的现金流量应当按照其投资活动的现金流入和流出的性质分项列示。

（三）筹资活动，是指导致企业资本及债务规模和构成发生变化的活动。在现金流量表上，筹资活动的现金流量应当按照其筹资活动的现金流入和流出的性质分项列示。

第十二条 相关附表是反映企业财务状况、经营成果和现金流量的补充报表，主要包括利润分配表以及国家统一的会计制度规定的其他附表。

利润分配表是反映企业一定会计期间对实现净利润以及以前年度未分配利润的分配或者亏损弥补的报表。利润分配表应当按照利润分配各个项目分类分项列示。

第十三条 年度、半年度会计报表至少应当反映两个年度或者相关两个期间的比较数据。

第十四条 会计报表附注是为便于会计报表使用者理解会计报表的内容而对会计报表的编制基础、编制依据、编制原则和方法及主要项目等所作的解释。会计报表附注至少应当包括下列内容：

（一）不符合基本会计假设的说明；

（二）重要会计政策和会计估计及其变更情况、变更原因及其对财务状况和经营成果的影响；

（三）或有事项和资产负债表日后事项的说明；

（四）关联方关系及其交易的说明；

（五）重要资产转让及其出售情况；

（六）企业合并、分立；

（七）重大投资、融资活动；

（八）会计报表中重要项目的明细资料；

（九）有助于理解和分析会计报表需要说明的其他事项。

第十五条 财务情况说明书至少应当对下列情况作出说明：

（一）企业生产经营的基本情况；

（二）利润实现和分配情况；

（三）资金增减和周转情况；

（四）对企业财务状况、经营成果和现金流量有重大影响的其他事项。

第三章 财务会计报告的编制

第十六条 企业应当于年度终了编报年度财务会计报告。国家统一的会计制度规定企业应当编报半年度、季度和月度财务会计报告的，从其规定。

第十七条 企业编制财务会计报告，应当根据真实的交易、事项以及完整、准确的账簿记录等资料，并按照国家统一的会计制度规定的编制基础、编制依据、编制原则和方法。

企业不得违反本条例和国家统一的会计制度规定，随意改变财务会计报告的编制基础、编制依据、编制原则和方法。

任何组织或者个人不得授意、指使、强令企业违反本条例和国家统一的会计制度规定，改变财务会计报告的编制基础、编制依据、编制原则和方法。

第十八条 企业应当依照本条例和国家统一的会计制度规定，对会计报表中各项会计要素进行合理的确认和计量，不得随意改变会计要素的确认和计量标准。

第十九条 企业应当依照有关法律、行政法规和本条例规定的结账日进行结账,不得提前或者延迟。年度结账日为公历年度每年的 12 月 31 日;半年度、季度、月度结账日分别为公历年度每半年、每季、每月的最后一天。

第二十条 企业在编制年度财务会计报告前,应当按照下列规定,全面清查资产、核实债务:

(一)结算款项,包括应收款项、应付款项、应交税金等是否存在,与债务、债权单位的相应债务、债权金额是否一致;

(二)原材料、在产品、自制半成品、库存商品等各项存货的实存数量与账面数量是否一致,是否有报废损失和积压物资等;

(三)各项投资是否存在,投资收益是否按照国家统一的会计制度规定进行确认和计量;

(四)房屋建筑物、机器设备、运输工具等各项固定资产的实存数量与账面数量是否一致;

(五)在建工程的实际发生额与账面记录是否一致;

(六)需要清查、核实的其他内容。

企业通过前款规定的清查、核实,查明财产物资的实存数量与账面数量是否一致、各项结算款项的拖欠情况及其原因、材料物资的实际储备情况、各项投资是否达到预期目的、固定资产的使用情况及其完好程度等。企业清查、核实后,应当将清查、核实的结果及其处理办法向企业的董事会或者相应机构报告,并根据国家统一的会计制度的规定进行相应的会计处理。

企业应当在年度中间根据具体情况,对各项财产物资和结算款项进行重点抽查、轮流清查或者定期清查。

第二十一条 企业在编制财务会计报告前,除应当全面清查资产、核实债务外,还应当完成下列工作:

(一)核对各会计账簿记录与会计凭证的内容、金额是否一致,记账方向是否相符;

(二)依照本条例规定的结账日进行结账,结出有关会计账簿的余额和发生额,并核对各会计账簿之间的余额;

(三)检查相关的会计核算是否按照国家统一的会计制度的规定进行;

(四)对于国家统一的会计制度没有规定统一核算方法的交易、事项,检查其是否按会计核算的一般原则进行确认和计量以及相关账务处理是否合理；

（五）检查是否存在因会计差错、会计政策变更等原因需要调整前期或者本期相关项目。

在前款规定工作中发现问题的，应当按照国家统一的会计制度的规定进行处理。

第二十二条　企业编制年度和半年度财务会计报告时，对经查实后的资产、负债有变动的，应当按照资产、负债的确认和计量标准进行确认和计量，并按照国家统一的会计制度的规定进行相应的会计处理。

第二十三条　企业应当按照国家统一的会计制度规定的会计报表格式和内容，根据登记完整、核对无误的会计账簿记录和其他有关资料编制会计报表，做到内容完整、数字真实、计算准确，不得漏报或者任意取舍。

第二十四条　会计报表之间、会计报表各项目之间，凡有对应关系的数字，应当相互一致；会计报表中本期与上期的有关数字应当相互衔接。

第二十五条　会计报表附注和财务情况说明书应当按照本条例和国家统一的会计制度的规定，对会计报表中需要说明的事项作出真实、完整、清楚的说明。

第二十六条　企业发生合并、分立情形的，应当按照国家统一的会计制度的规定编制相应的财务会计报告。

第二十七条　企业终止营业的，应当在终止营业时按照编制年度财务会计报告的要求全面清查资产、核实债务、进行结账，并编制财务会计报告；在清算期间，应当按照国家统一的会计制度的规定编制清算期间的财务会计报告。

第二十八条　按照国家统一的会计制度的规定，需要编制合并会计报表的企业集团，母公司除编制其个别会计报表外，还应当编制企业集团的合并会计报表。

企业集团合并会计报表，是指反映企业集团整体财务状况、经营成果和现金流量的会计报表。

第四章　财务会计报告的对外提供

第二十九条　对外提供的财务会计报告反映的会计信息应当真实、

完整。

第三十条　企业应当依照法律、行政法规和国家统一的会计制度有关财务会计报告提供期限的规定，及时对外提供财务会计报告。

第三十一条　企业对外提供的财务会计报告应当依次编定页数，加具封面，装订成册，加盖公章。封面上应当注明：企业名称、企业统一代码、组织形式、地址、报表所属年度或者月份、报出日期，并由企业负责人和主管会计工作的负责人、会计机构负责人（会计主管人员）签名并盖章；设置总会计师的企业，还应当由总会计师签名并盖章。

第三十二条　企业应当依照企业章程的规定，向投资者提供财务会计报告。

国务院派出监事会的国有重点大型企业、国有重点金融机构和省、自治区、直辖市人民政府派出监事会的国有企业，应当依法定期向监事会提供财务会计报告。

第三十三条　有关部门或者机构依照法律、行政法规或者国务院的规定，要求企业提供部分或者全部财务会计报告及其有关数据的，应当向企业出示依据，并不得要求企业改变财务会计报告有关数据的会计口径。

第三十四条　非依照法律、行政法规或者国务院的规定，任何组织或者个人不得要求企业提供部分或者全部财务会计报告及其有关数据。

违反本条例规定，要求企业提供部分或者全部财务会计报告及其有关数据的，企业有权拒绝。

第三十五条　国有企业、国有控股的或者占主导地位的企业，应当至少每年一次向本企业的职工代表大会公布财务会计报告，并重点说明下列事项：

（一）反映与职工利益密切相关的信息，包括：管理费用的构成情况，企业管理人员工资、福利和职工工资、福利费用的发放、使用和结余情况，公益金的提取及使用情况，利润分配的情况以及其他与职工利益相关的信息；

（二）内部审计发现的问题及纠正情况；

（三）注册会计师审计的情况；

（四）国家审计机关发现的问题及纠正情况；

（五）重大的投资、融资和资产处置决策及其原因的说明；

（六）需要说明的其他重要事项。

第三十六条　企业依照本条例规定向有关各方提供的财务会计报告，其编制基础、编制依据、编制原则和方法应当一致,不得提供编制基础、编制依据、编制原则和方法不同的财务会计报告。

第三十七条 财务会计报告须经注册会计师审计的,企业应当将注册会计师及其会计师事务所出具的审计报告随同财务会计报告一并对外提供。

第三十八条 接受企业财务会计报告的组织或者个人,在企业财务会计报告未正式对外披露前,应当对其内容保密。

第五章 法律责任

第三十九条 违反本条例规定,有下列行为之一的,由县级以上人民政府财政部门责令限期改正,对企业可以处3000元以上5万元以下的罚款;对直接负责的主管人员和其他直接责任人员,可以处2000元以上2万元以下的罚款;属于国家工作人员的,并依法给予行政处分或者纪律处分:

(一)随意改变会计要素的确认和计量标准的;

(二)随意改变财务会计报告的编制基础、编制依据、编制原则和方法的;

(三)提前或者延迟结账日结账的;

(四)在编制年度财务会计报告前,未按照本条例规定全面清查资产、核实债务的;

(五)拒绝财政部门和其他有关部门对财务会计报告依法进行的监督检查,或者不如实提供有关情况的。

会计人员有前款所列行为之一,情节严重的,由县级以上人民政府财政部门吊销会计从业资格证书。

第四十条 企业编制、对外提供虚假的或者隐瞒重要事实的财务会计报告,构成犯罪的,依法追究刑事责任。

有前款行为,尚不构成犯罪的,由县级以上人民政府财政部门予以通报,对企业可以处5000元以上10万元以下的罚款;对直接负责的主管人员和其他直接责任人员,可以处3000元以上5万元以下的罚款;属于国家工作人员的,并依法给予撤职直至开除的行政处分或者纪律处分;对其中的会计人员,情节严重的,并由县级以上人民政府财政部门吊销会计从业资格证书。

第四十一条 授意、指使、强令会计机构、会计人员及其他人员编制、对外提供虚假的或者隐瞒重要事实的财务会计报告,或者隐匿、故意销毁依法应当保存的财务会计报告,构成犯罪的,依法追究刑事责任;尚不构成犯罪的,可以处 5000 元以上 5 万元以下的罚款;属于国家工作人员的,并依法给予降级、撤职、开除的行政处分或者纪律处分。

第四十二条　违反本条例的规定,要求企业向其提供部分或者全部财务会计报告及其有关数据的,由县级以上人民政府责令改正。

第四十三条　违反本条例规定,同时违反其他法律、行政法规规定的,由有关部门在各自的职权范围内依法给予处罚。

第六章　附　　则

第四十四条　国务院财政部门可以根据本条例的规定,制定财务会计报告的具体编报办法。

第四十五条　不对外筹集资金、经营规模较小的企业编制和对外提供财务会计报告的办法,由国务院财政部门根据本条例的原则另行规定。

第四十六条　本条例自 2001 年 1 月 1 日起施行。

注册会计师注册办法

(2005 年 1 月 22 日财政部令第 25 号公布　根据 2017 年 12 月 4 日财政部令第 90 号《关于修改〈注册会计师注册办法〉等 6 部规章的决定》第一次修正　根据 2019 年 3 月 15 日财政部令第 99 号《关于修改〈注册会计师注册办法〉的决定》第二次修正)

第一条　为了规范注册会计师注册工作,根据《中华人民共和国注册会计师法》及相关法律,制定本办法。

第二条 申请注册成为注册会计师适用本办法。

第三条 省、自治区、直辖市注册会计师协会(以下简称"省级注册会计师协会")负责本地区注册会计师的注册及相关管理工作。中国注册会计师协会对省级注册会计师协会的注册管理工作进行指导。

注册会计师依法执行业务,应当取得财政部统一制定的中华人民共和国注册会计师证书(以下简称"注册会计师证书")。

第四条 具备下列条件之一,并在中国境内从事审计业务工作2年以上者,可以向省级注册会计师协会申请注册:

(一)参加注册会计师全国统一考试成绩合格;

(二)经依法认定或者考核具有注册会计师资格。

第五条 申请人有下列情形之一的,不予注册:

(一)不具有完全民事行为能力的;

(二)因受刑事处罚,自刑罚执行完毕之日起至申请注册之日止不满5年的;

(三)因在财务、会计、审计、企业管理或者其他经济管理工作中犯有严重错误受行政处罚、撤职以上处分,自处罚、处分决定生效之日起至申请注册之日止不满2年的;

(四)受吊销注册会计师证书的处罚,自处罚决定生效之日起至申请注册之日止不满5年的;

(五)因以欺骗、贿赂等不正当手段取得注册会计师证书而被撤销注册,自撤销注册决定生效之日起至申请注册之日止不满3年的;

(六)不在会计师事务所专职执业的;

(七)年龄超过70周岁的。

第六条 申请人申请注册,应当通过其所在的会计师事务所,向会计师事务所所在地的省级注册会计师协会提交注册会计师注册申请表(附表1):

(一)申请人基本情况;

(二)申请人出具的符合注册条件的承诺;

(三)申请人所在会计师事务所出具的申请人在该会计师事务所专职从业的承诺。

申请人为香港、澳门特别行政区和台湾地区居民的,应当提交港澳台居民居住证信息或者港澳台居民出入境证件信息。

申请人为外国人的,应当同时提交护照和签证信息以及《外国人工作许可证》信息。

经依法认定或者考核具有注册会计师资格的,应当提交相关文件和符合认定或者考核条件的相关材料。

第七条 申请人和所在的会计师事务所应当分别对申请材料内容的真实性负责。

第八条 省级注册会计师协会应当在受理申请的办公场所将申请注册应当提交的材料目录及要求、准予注册的程序及期限,以及不予注册的情形予以公示。

第九条 省级注册会计师协会收到申请人提交的申请材料后,应当对其进行形式审查。

申请材料不齐全或者不符合法定形式的,应当当场或者在5个工作日内一次告知需要补正的材料及内容。

申请材料齐全、符合法定形式的,应当受理其注册申请。

第十条 省级注册会计师协会受理或者不予受理注册申请,应当向申请人出具加盖本单位专用印章和注明日期的书面凭证。

第十一条 省级注册会计师协会应当对申请材料的内容进行审查,并自受理注册申请之日起20个工作日内作出准予或者不予注册的决定。20个工作日内不能作出决定的,经省级注册会计师协会负责人批准,可以延长10个工作日,并应当将延长期限的理由告知申请人。

第十二条 省级注册会计师协会作出准予注册决定的,应当自作出决定之日起10个工作日内向申请人颁发注册会计师证书。

省级注册会计师协会应当自作出准予注册决定之日起20个工作日内,将准予注册的决定和注册会计师注册备案表(附表2)报送财政部、中国注册会计师协会备案,抄报所在地的省、自治区、直辖市人民政府财政部门(以下简称"省级财政部门")并将准予注册人员的名单在全国性报刊或者相关网站上予以公告。

第十三条 省级注册会计师协会作出不予注册决定的,应当自作出决定之日起15个工作日内书面通知申请人。书面通知中应当说明不予注册的理由,并告知申请人享有依法申请行政复议或者提起行政诉讼的权利。

第十四条 财政部依法对省级注册会计师协会的注册工作进行检查,发现注册不符合本办法规定的,应当通知省级注册会计师协会撤销注册。

第十五条 中国注册会计师协会和省级注册会计师协会应当对注册会计师的任职资格和执业情况进行监督检查,必要时可以进行实地检查。

第十六条 注册会计师有下列情形之一的,由所在地的省级注册会计师协会撤销注册,收回注册会计师证书:

(一)完全丧失民事行为能力的;

(二)受刑事处罚的;

(三)自行停止执行注册会计师业务满1年的;

(四)以欺骗、贿赂等不正当手段取得注册会计师证书的。

对因前款第(四)项被撤销注册、收回注册会计师证书的人员,由省级财政部门给予警告,并向社会公告。

第十七条 申请人及其所在会计师事务所出具虚假申请材料的,由省级财政部门对申请人、会计师事务所首席合伙人(主任会计师)给予警告,并向社会公告。

第十八条 省级注册会计师协会工作人员滥用职权、玩忽职守准予注册的,或者对不具备申请资格或不符合法定条件的申请人准予注册的,由省级注册会计师协会撤销注册,收回注册会计师证书。

第十九条 被撤销注册的人员可以重新申请注册,但必须符合本办法第四条规定条件,并且没有本办法第五条规定所列情形。

第二十条 注册会计师有下列情形之一的,由所在地的省级注册会计师协会注销注册:

(一)依法被撤销注册,或者吊销注册会计师证书的;

(二)不在会计师事务所专职执业的。

第二十一条 省级注册会计师协会应当将注销注册的决定抄报财政部和所在地的省级财政部门、中国注册会计师协会,并自作出决定之日起10个工作日内将注销注册人员的名单在全国性报刊或者相关网站上予以公告。

第二十二条 注册会计师违反《中华人民共和国注册会计师法》第二十条、第二十一条规定,由财政部或者所在地的省级财政部门给予警告;情节严重的,可以由财政部或者所在地的省级财政部门暂停其执行业务或者吊销注册会计师证书。

财政部和省级财政部门应当按照《中华人民共和国行政处罚法》及有关规定实施行政处罚,并将行政处罚决定抄送中国注册会计师协会和注册会计师所在地的省级注册会计师协会。

第二十三条 受到行政处罚,或者被撤销注册或注销注册的当事人有异议的,可以依法申请行政复议或者提起行政诉讼。

第二十四条 各省级注册会计师协会及其工作人员在开展注册会计师注册工作中,存在违反本办法规定的行为,以及其他滥用职权、玩忽职守、徇私舞弊等违法违纪行为的,依照《中华人民共和国注册会计师法》《中华人民共和国行政许可法》《中华人民共和国监察法》《财政违法行为处罚处分条例》等国家有关规定追究相应责任;涉嫌犯罪的,依法移送司法机关处理。

第二十五条 香港、澳门特别行政区和台湾地区居民以及按照互惠原则确认的外国人申请注册,依照本办法办理。

第二十六条 本办法自2005年3月1日起施行。

自本办法施行之日起,《注册会计师注册审批暂行办法》[(93)财会协字第122号]、《外籍中国注册会计师注册审批暂行办法》(财协字[1998]9号)、《〈外籍中国注册会计师注册审批暂行办法〉的补充规定》(财会[2003]34号)同时废止。

附表:(略)

会计人员管理办法

(2018年12月6日财政部发布 财会[2018]33号
自2019年1月1日起施行)

第一条 为加强会计人员管理,规范会计人员行为,根据《中华人民共和国会计法》及相关法律法规的规定,制定本办法。

第二条 会计人员,是指根据《中华人民共和国会计法》的规定,在国家机关、社会团体、企业、事业单位和其他组织(以下统称单位)中从事会计核算、实行会计监督等会计工作的人员。

会计人员包括从事下列具体会计工作的人员:

(一)出纳;

(二)稽核;

(三)资产、负债和所有者权益(净资产)的核算;

(四)收入、费用(支出)的核算;

(五)财务成果(政府预算执行结果)的核算;

(六)财务会计报告(决算报告)编制;

(七)会计监督;

(八)会计机构内会计档案管理;

(九)其他会计工作。

担任单位会计机构负责人(会计主管人员)、总会计师的人员,属于会计人员。

第三条 会计人员从事会计工作,应当符合下列要求:

(一)遵守《中华人民共和国会计法》和国家统一的会计制度等法律法规;

(二)具备良好的职业道德;

(三)按照国家有关规定参加继续教育;

(四)具备从事会计工作所需要的专业能力。

第四条 会计人员具有会计类专业知识,基本掌握会计基础知识和业务技能,能够独立处理基本会计业务,表明具备从事会计工作所需要的专业能力。

单位应当根据国家有关法律法规和本办法有关规定,判断会计人员是否具备从事会计工作所需要的专业能力。

第五条 单位应当根据《中华人民共和国会计法》等法律法规和本办法有关规定,结合会计工作需要,自主任用(聘用)会计人员。

单位任用(聘用)的会计机构负责人(会计主管人员)、总会计师,应当符合《中华人民共和国会计法》《总会计师条例》等法律法规和本办法有关规定。

单位应当对任用(聘用)的会计人员及其从业行为加强监督和管理。

第六条 因发生与会计职务有关的违法行为被依法追究刑事责任的人员,单位不得任用(聘用)其从事会计工作。

因违反《中华人民共和国会计法》有关规定受到行政处罚五年内不得从事会计工作的人员,处罚期届满前,单位不得任用(聘用)其从事会计工作。

本条第一款和第二款规定的违法人员行业禁入期限,自其违法行为被认定之日起计算。

第七条 单位应当根据有关法律法规、内部控制制度要求和会计业务需要设置会计岗位,明确会计人员职责权限。

第八条 县级以上地方人民政府财政部门、新疆生产建设兵团财政局、中央军委后勤保障部、中共中央直属机关事务管理局、国家机关事务管理局应当采用随机抽取检查对象、随机选派执法检查人员的方式,依法对单位任用(聘用)会计人员及其从业情况进行管理和监督检查,并将监督检查情况及结果及时向社会公开。

第九条 依法成立的会计人员自律组织,应当依据有关法律法规和其章程规定,指导督促会员依法从事会计工作,对违反有关法律法规、会计职业道德和其章程的会员进行惩戒。

第十条 各省、自治区、直辖市、计划单列市财政厅(局),新疆生产建设兵团财政局,中央军委后勤保障部、中共中央直属机关事务管理局、国家机关事务管理局可以根据本办法制定具体实施办法,报财政部备案。

第十一条 本办法自2019年1月1日起施行。

会计基础工作规范

(1996年6月17日财政部公布
根据2019年3月14日财政部令第98号《关于修改
〈代理记账管理办法〉等2部部门规章的决定》修正)

第一章 总 则

第一条 为了加强会计基础工作,建立规范的会计工作秩序,提高会计工作水平,根据《中华人民共和国会计法》的有关规定,制定本规范。

第二条 国家机关、社会团体、企业、事业单位、个体工商户和其他组织的会计基础工作,应当符合本规范的规定。

第三条 各单位应当依据有关法律、法规和本规范的规定,加强会计基础工作,严格执行会计法规制度,保证会计工作依法有序地进行。

第四条 单位领导人对本单位的会计基础工作负有领导责任。

第五条 各省、自治区、直辖市财政厅(局)要加强对会计基础工作的管理和指导,通过政策引导、经验交流、监督检查等措施,促进基层单位加强会计基础工作,不断提高会计工作水平。

国务院各业务主管部门根据职责权限管理本部门的会计基础工作。

第二章 会计机构和会计人员

第一节 会计机构设置和会计人员配备

第六条 各单位应当根据会计业务的需要设置会计机构;不具备单独设

置会计机构条件的,应当在有关机构中配备专职会计人员。

事业行政单位会计机构的设置和会计人员的配备,应当符合国家统一事业行政单位会计制度的规定。

设置会计机构,应当配备会计机构负责人;在有关机构中配备专职会计人员,应当在专职会计人员中指定会计主管人员。

会计机构负责人、会计主管人员的任免,应当符合《中华人民共和国会计法》和有关法律的规定。

第七条 会计机构负责人、会计主管人员应当具备下列基本条件:

(一)坚持原则,廉洁奉公;

(二)具备会计师以上专业技术职务资格或者从事会计工作不少于三年;

(三)熟悉国家财经法律、法规、规章和方针、政策,掌握本行业业务管理的有关知识;

(四)有较强的组织能力;

(五)身体状况能够适应本职工作的要求。

第八条 没有设置会计机构或者配备会计人员的单位,应当根据《代理记账管理办法》的规定,委托会计师事务所或者持有代理记账许可证书的代理记账机构进行代理记账。

第九条 大、中型企业、事业单位、业务主管部门应当根据法律和国家有关规定设置总会计师。总会计师由具有会计师以上专业技术资格的人员担任。

总会计师行使《总会计师条例》规定的职责、权限。

总会计师的任命(聘任)、免职(解聘)依照《总会计师条例》和有关法律的规定办理。

第十条 各单位应当根据会计业务需要配备会计人员,督促其遵守职业道德和国家统一的会计制度。

第十一条 各单位应当根据会计业务需要设置会计工作岗位。

会计工作岗位一般可分为:会计机构负责人或者会计主管人员,出纳,财产物资核算,工资核算,成本费用核算,财务成果核算,资金核算,往来结算,总帐报表,稽核,档案管理等。开展会计电算化和管理会计的单位,可以根据需要设置相应工作岗位,也可以与其他工作岗位相结合。

第十二条 会计工作岗位,可以一人一岗、一人多岗或者一岗多人。但出纳人员不得兼管稽核、会计档案保管和收入、费用、债权债务帐目的登记工作。

第十三条 会计人员的工作岗位应当有计划地进行轮换。

第十四条 会计人员应当具备必要的专业知识和专业技能,熟悉国家有关法律、法规、规章和国家统一会计制度,遵守职业道德。

会计人员应当按照国家有关规定参加会计业务的培训。各单位应当合理安排会计人员的培训,保证会计人员每年有一定时间用于学习和参加培训。

第十五条 各单位领导人应当支持会计机构、会计人员依法行使职权;对忠于职守,坚持原则,做出显著成绩的会计机构、会计人员,应当给予精神的和物质的奖励。

第十六条 国家机关、国有企业、事业单位任用会计人员应当实行回避制度。

单位领导人的直系亲属不得担任本单位的会计机构负责人、会计主管人员。会计机构负责人、会计主管人员的直系亲属不得在本单位会计机构中担任出纳工作。

需要回避的直系亲属为:夫妻关系、直系血亲关系、三代以内旁系血亲以及配偶亲关系。

第二节 会计人员职业道德

第十七条 会计人员在会计工作中应当遵守职业道德,树立良好的职业品质、严谨的工作作风,严守工作纪律,努力提高工作效率和工作质量。

第十八条 会计人员应当热爱本职工作,努力钻研业务,使自己的知识和技能适应所从事工作的要求。

第十九条 会计人员应当熟悉财经法律、法规、规章和国家统一会计制度,并结合会计工作进行广泛宣传。

第二十条 会计人员应当按照会计法律、法规和国家统一会计制度规定的程序和要求进行会计工作,保证所提供的会计信息合法、真实、准确、及时、完整。

第二十一条 会计人员办理会计事务应当实事求是、客观公正。

第二十二条 会计人员应当熟悉本单位的生产经营和业务管理情况，运用掌握的会计信息和会计方法，为改善单位内部管理、提高经济效益服务。

第二十三条 会计人员应当保守本单位的商业秘密。除法律规定和单位领导人同意外，不能私自向外界提供或者泄露单位的会计信息。

第二十四条 财政部门、业务主管部门和各单位应当定期检查会计人员遵守职业道德的情况，并作为会计人员晋升、晋级、聘任专业职务、表彰奖励的重要考核依据。

会计人员违反职业道德的，由所在单位进行处理。

第三节　会计工作交接

第二十五条 会计人员工作调动或者因故离职，必须将本人所经管的会计工作全部移交给接替人员。没有办清交接手续的，不得调动或者离职。

第二十六条 接替人员应当认真接管移交工作，并继续办理移交的未了事项。

第二十七条 会计人员办理移交手续前，必须及时做好以下工作：

（一）已经受理的经济业务尚未填制会计凭证的，应当填制完毕。

（二）尚未登记的帐目，应当登记完毕，并在最后一笔余额后加盖经办人员印章。

（三）整理应该移交的各项资料，对未了事项写出书面材料。

（四）编制移交清册，列明应当移交的会计凭证、会计帐簿、会计报表、印章、现金、有价证券、支票簿、发票、文件、其他会计资料和物品等内容；实行会计电算化的单位，从事该项工作的移交人员还应当在移交清册中列明会计软件及密码、会计软件数据磁盘（磁带等）及有关资料、实物等内容。

第二十八条 会计人员办理交接手续，必须有监交人负责监交。一般会计人员交接，由单位会计机构负责人、会计主管人员负责监交；会计机构负责人、会计主管人员交接，由单位领导人负责监交，必要时可由上级主管部门派人会同监交。

第二十九条 移交人员在办理移交时，要按移交清册逐项移交；接替人员要逐项核对点收。

（一）现金、有价证券要根据会计帐簿有关记录进行点交。库存现金、有价证券必须与会计帐簿记录保持一致。不一致时,移交人员必须限期查清。

（二）会计凭证、会计帐簿、会计报表和其他会计资料必须完整无缺。如有短缺,必须查清原因,并在移交清册中注明,由移交人员负责。

（三）银行存款帐户余额要与银行对帐单核对,如不一致,应当编制银行存款余额调节表调节相符,各种财产物资和债权债务的明细帐户余额要与总帐有关帐户余额核对相符;必要时,要抽查个别帐户的余额,与实物核对相符,或者与往来单位、个人核对清楚。

（四）移交人员经管的票据、印章和其他实物等,必须交接清楚;移交人员从事会计电算化工作的,要对有关电子数据在实际操作状态下进行交接。

第三十条　会计机构负责人、会计主管人员移交时,还必须将全部财务会计工作、重大财务收支和会计人员的情况等,向接替人员详细介绍。对需要移交的遗留问题,应当写出书面材料。

第三十一条　交接完毕后,交接双方和监交人员要在移交注册上签名或者盖章。并应在移交注册上注明:单位名称,交接日期,交接双方和监交人员的职务、姓名,移交清册页数以及需要说明的问题和意见等。

移交清册一般应当填制一式三份,交接双方各执一份,存档一份。

第三十二条　接替人员应当继续使用移交的会计帐簿,不得自行另立新帐,以保持会计记录的连续性。

第三十三条　会计人员临时离职或者因病不能工作且需要接替或者代理的,会计机构负责人、会计主管人员或者单位领导人必须指定有关人员接替或者代理,并办理交接手续。

临时离职或者因病不能工作的会计人员恢复工作的,应当与接替或者代理人员办理交接手续。

移交人员因病或者其他特殊原因不能亲自办理移交的,经单位领导人批准,可由移交人员委托他人代办移交,但委托人应当承担本规范第三十五条规定的责任。

第三十四条　单位撤销时,必须留有必要的会计人员,会同有关人员办理清理工作,编制决算。未移交前,不得离职。接收单位和移交日期由主管部门确定。

单位合并、分立的,其会计工作交接手续比照上述有关规定办理。

第三十五条 移交人员对所移交的会计凭证、会计帐簿、会计报表和其他有关资料的合法性、真实性承担法律责任。

第三章 会计核算

第一节 会计核算一般要求

第三十六条 各单位应当按照《中华人民共和国会计法》和国家统一会计制度的规定建立会计帐册,进行会计核算,及时提供合法、真实、准确、完整的会计信息。

第三十七条 各单位发生的下列事项,应当及时办理会计手续、进行会计核算:

(一)款项和有价证券的收付;
(二)财物的收发、增减和使用;
(三)债权债务的发生和结算;
(四)资本、基金的增减;
(五)收入、支出、费用、成本的计算;
(六)财务成果的计算和处理;
(七)其他需要办理会计手续、进行会计核算的事项。

第三十八条 各单位的会计核算应当以实际发生的经济业务为依据,按照规定的会计处理方法进行,保证会计指标的口径一致,相互可比和会计处理方法的前后各期相一致。

第三十九条 会计年度自公历1月1日起至12月31日止。

第四十条 会计核算以人民币为记帐本位币。

收支业务以外国货币为主的单位,也可以选定某种外国货币作为记帐本位币,但是编制的会计报表应当折算为人民币反映。

境外单位向国内有关部门编报的会计报表,应当折算为人民币反映。

第四十一条 各单位根据国家统一会计制度的要求,在不影响会计核算要求、会计报表指标汇总和对外统一会计报表的前提下,可以根据实际情况自行设置和使用会计科目。

事业行政单位会计科目的设置和使用,应当符合国家统一事业行政单位会计制度的规定。

第四十二条 会计凭证、会计帐簿、会计报表和其他会计资料的内容和要求必须符合国家统一会计制度的规定,不得伪造、变造会计凭证和会计帐簿,不得设置帐外帐,不得报送虚假会计报表。

第四十三条 各单位对外报送的会计报表格式由财政部统一规定。

第四十四条 实行会计电算化的单位,对使用的会计软件及其生成的会计凭证、会计帐簿、会计报表和其他会计资料的要求,应当符合财政部关于会计电算化的有关规定。

第四十五条 各单位的会计凭证、会计帐簿、会计报表和其他会计资料,应当建立档案,妥善保管。会计档案建档要求、保管期限、销毁办法等依据《会计档案管理办法》的规定进行。

实行会计电算化的单位,有关电子数据、会计软件资料等应当作为会计档案进行管理。

第四十六条 会计记录的文字应当使用中文,少数民族自治地区可以同时使用少数民族文字。中国境内的外商投资企业、外国企业和其他外国经济组织也可以同时使用某种外国文字。

第二节 填制会计凭证

第四十七条 各单位办理本规范第三十七条规定的事项,必须取得或者填制原始凭证,并及时送交会计机构。

第四十八条 原始凭证的基本要求是:

(一)原始凭证的内容必须具备:凭证的名称;填制凭证的日期;填制凭证单位名称或者填制人姓名;经办人员的签名或者盖章;接受凭证单位名称;经济业务内容;数量、单价和金额。

(二)从外单位取得的原始凭证,必须盖有填制单位的公章;从个人取得的原始凭证,必须有填制人员的签名或者盖章。自制原始凭证必须有经办单位领导人或者其指定的人员签名或者盖章。对外开出的原始凭证,必须加盖本单位公章。

(三)凡填有大写和小写金额的原始凭证,大写与小写金额必须相符。

购买实物的原始凭证,必须有验收证明。支付款项的原始凭证,必须有收款单位和收款人的收款证明。

(四)一式几联的原始凭证,应当注明各联的用途,只能以一联作为报销凭证。

一式几联的发票和收据,必须用双面复写纸(发票和收据本身具备复写纸功能的除外)套写,并连续编号。作废时应当加盖"作废"戳记,连同存根一起保存,不得撕毁。

(五)发生销货退回的,除填制退货发票外,还必须有退货验收证明;退款时,必须取得对方的收款收据或者汇款银行的凭证,不得以退货发票代替收据。

(六)职工公出借款凭据,必须附在记帐凭证之后。收回借款时,应当另开收据或者退还借据副本,不得退还原借款收据。

(七)经上级有关部门批准的经济业务,应当将批准文件作为原始凭证附件。如果批准文件需要单独归档的,应当在凭证上注明批准机关名称、日期和文件字号。

第四十九条　原始凭证不得涂改、挖补。发现原始凭证有错误的,应当由开出单位重开或者更正,更正处应当加盖开出单位的公章。

第五十条　会计机构、会计人员要根据审核无误的原始凭证填制记帐凭证。

记帐凭证可以分为收款凭证、付款凭证和转帐凭证,也可以使用通用记帐凭证。

第五十一条　记帐凭证的基本要求是:

(一)记帐凭证的内容必须具备:填制凭证的日期;凭证编号;经济业务摘要;会计科目;金额;所附原始凭证张数;填制凭证人员、稽核人员、记帐人员、会计机构负责人、会计主管人员签名或者盖章。收款和付款记帐凭证还应当由出纳人员签名或者盖章。

以自制的原始凭证或者原始凭证汇总表代替记帐凭证的,也必须具备记帐凭证应有的项目。

(二)填制记帐凭证时,应当对记帐凭证进行连续编号。一笔经济业务需要填制两张以上记帐凭证的,可以采用分数编号法编号。

(三)记帐凭证可以根据每一张原始凭证填制,或者根据若干张同类原始凭证汇总填制,也可以根据原始凭证汇总表填制。但不得将不同内容和类别的原始凭证汇总填制在一张记帐凭证上。

(四)除结帐和更正错误的记帐凭证可以不附原始凭证外,其他记帐凭证必须附有原始凭证。如果一张原始凭证涉及几张记帐凭证,可以把原始凭证附在一张主要的记帐凭证后面,并在其他记帐凭证上注明附有该原始凭证的记帐凭证的编号或者附原始凭证复印件。

一张原始凭证所列支出需要几个单位共同负担的,应当将其他单位负担的部分,开给对方原始凭证分割单,进行结算。原始凭证分割单必须具备原始凭证的基本内容:凭证名称、填制凭证日期、填制凭证单位名称或者填制人姓名、经办人的签名或者盖章、接受凭证单位名称、经济业务内容、数量、单价、金额和费用分摊情况等。

(五)如果在填制记帐凭证时发生错误,应当重新填制。

已经登记入帐的记帐凭证,在当年内发现填写错误时,可以用红字填写一张与原内容相同的记帐凭证,在摘要栏注明"注销某月某日某号凭证"字样,同时再用蓝字重新填制一张正确的记帐凭证,注明"订正某月某日某号凭证"字样。如果会计科目没有错误,只是金额错误,也可以将正确数字与错误数字之间的差额,另编一张调整的记帐凭证,调增金额用蓝字,调减金额用红字。发现以前年度记帐凭证有错误的,应当用蓝字填写一张更正的记帐凭证。

(六)记帐凭证填制完经济业务事项后,如有空行,应当自金额栏最后一笔金额数字下的空行处至合计数上的空行处划线注销。

第五十二条 填制会计凭证,字迹必须清晰、工整,并符合下列要求:

(一)阿拉伯数字应当一个一个地写,不得连笔写。阿拉伯金额数字前面应当书写货币币种符号或者货币名称简写和币种符号。币种符号与阿拉伯金额数字之间不得留有空白。凡阿拉伯数字前写有币种符号的,数字后面不再写货币单位。

(二)所有以元为单位(其他货币种类为货币基本单位,下同)的阿拉伯数字,除表示单价等情况外,一律填写到角分;无角分的,角位和分位可写"00",或者符号"——";有角无分的,分位应当写"0",不得用符号"——"代替。

(三)汉字大写数字金额如零、壹、贰、叁、肆、伍、陆、柒、捌、玖、拾、佰、仟、万、亿等,一律用正楷或者行书体书写,不得用0、一、二、三、四、五、六、七、八、九、十等简化字代替,不得任意自造简化字。大写金额数字到元或者角为止的,在"元"或者"角"字之后应当写"整"字或者"正"字;大写金额数字有分的,分字后面不写"整"或者"正"字。

(四)大写金额数字前未印有货币名称的,应当加填货币名称,货币名称与金额数字之间不得留有空白。

(五)阿拉伯金额数字中间有"0"时,汉字大写金额要写"零"字;阿拉伯数字金额中间连续有几个"0"时,汉字大写金额中可以只写一个"零"字;阿拉伯金额数字元位是"0",或者数字中间连续有几个"0",元位也是"0"但角位不是"0"时,汉字大写金额可以只写一个"零"字,也可以不写"零"字。

第五十三条 实行会计电算化的单位,对于机制记帐凭证,要认真审核,做到会计科目使用正确,数字准确无误。打印出的机制记帐凭证要经过加盖制单人员、审核人员、记帐人员及会计机构负责人、会计主管人员印章或者签字。

第五十四条 各单位会计凭证的传递程序应当科学、合理,具体办法由各单位根据会计业务需要自行规定。

第五十五条 会计机构、会计人员要妥善保管会计凭证。

(一)会计凭证应当及时传递,不得积压。

(二)会计凭证登记完毕后,应当按照分类和编号顺序保管,不得散乱丢失。

(三)记帐凭证应当连同所附的原始凭证或者原始凭证汇总表,按照编号顺序,折叠整齐,按期装订成册,并加具封面,注明单位名称、年度、月份和起讫日期、凭证种类、起讫号码,由装订人在装订线封签外签名或者盖章。

对于数量过多的原始凭证,可以单独装订保管,在封面上注明记帐凭证日期、编号、种类,同时在记帐凭证上注明"附件另订"和原始凭证名称及编号。

各种经济合同、存出保证金收据以及涉外文件等重要原始凭证,应当另编目录,单独登记保管,并在有关的记帐凭证和原始凭证上相互注明日期和编号。

(四)原始凭证不得外借,其他单位如因特殊原因需要使用原始凭证时,经本单位会计机构负责人、会计主管人员批准,可以复制。向外单位提供的原始凭证复制件,应当在专设的登记簿上登记,并由提供人员和收取人员共同签名或者盖章。

（五）从外单位取得的原始凭证如有遗失,应当取得原开出单位盖有公章的证明,并注明原来凭证的号码、金额和内容等,由经办单位会计机构负责人、会计主管人员和单位领导人批准后,才能代作原始凭证。如果确实无法取得证明的,如火车、轮船、飞机票等凭证,由当事人写出详细情况,由经办单位会计机构负责人、会计主管人员和单位领导人批准后,代作原始凭证。

第三节　登记会计帐簿

第五十六条　各单位应当按照国家统一会计制度的规定和会计业务的需要设置会计帐簿。会计帐簿包括总帐、明细帐、日记帐和其他辅助性帐簿。

第五十七条　现金日记帐和银行存款日记帐必须采用订本式帐簿。不得用银行对帐单或者其他方法代替日记帐。

第五十八条　实行会计电算化的单位,用计算机打印的会计帐簿必须连续编号,经审核无误后装订成册,并由记帐人员和会计机构负责人、会计主管人员签字或者盖章。

第五十九条　启用会计帐簿时,应当在帐簿封面上写明单位名称和帐簿名称。在帐簿扉页上应当附启用表,内容包括:启用日期、帐簿页数、记帐人员和会计机构负责人、会计主管人员姓名,并加盖名章和单位公章。记帐人员或者会计机构负责人、会计主管人员调动工作时,应当注明交接日期、接办人员或者监交人员姓名,并由交接双方人员签名或者盖章。

启用订本式帐簿,应当从第一页到最后一页顺序编定页数,不得跳页、缺号。使用活页式帐页,应当按帐户顺序编号,并须定期装订成册。装订后再按实际使用的帐页顺序编定页码。另加目录,记明每个帐户的名称和页次。

第六十条　会计人员应当根据审核无误的会计凭证登记会计帐簿。登记帐簿的基本要求是:

（一）登记会计帐簿时,应当将会计凭证日期、编号、业务内容摘要、金额和其他有关资料逐项记入帐内,做到数字准确、摘要清楚、登记及时、字迹工整。

（二）登记完毕后,要在记帐凭证上签名或者盖章,并注明已经登帐的符号,表示已经记帐。

(三)帐簿中书写的文字和数字上面要留有适当空格,不要写满格;一般应占格距的二分之一。

(四)登记帐簿要用蓝黑墨水或者碳素墨水书写,不得使用圆珠笔(银行的复写帐簿除外)或者铅笔书写。

(五)下列情况,可以用红色墨水记帐:

1. 按照红字冲帐的记帐凭证,冲销错误记录;

2. 在不设借贷等栏的多栏式帐页中,登记减少数;

3. 在三栏式帐户的余额栏前,如未印明余额方向的,在余额栏内登记负数余额;

4. 根据国家统一会计制度的规定可以用红字登记的其他会计记录。

(六)各种帐簿按页次顺序连续登记,不得跳行、隔页。如果发生跳行、隔页,应当将空行、空页划线注销,或者注明"此行空白"、"此页空白"字样,并由记帐人员签名或者盖章。

(七)凡需要结出余额的帐户,结出余额后,应当在"借或贷"等栏内写明"借"或者"贷"等字样。没有余额的帐户,应当在"借或贷"等栏内写"平"字,并在余额栏内用"Q"表示。

现金日记帐和银行存款日记帐必须逐日结出余额。

(八)每一帐页登记完毕结转下页时,应当结出本页合计数及余额,写在本页最后一行和下页第一行有关栏内,并在摘要栏内注明"过次页"和"承前页"字样,也可以将本页合计数及金额只写在下页第一行有关栏内,并在摘要栏内注明"承前页"字样。

对需要结计本月发生额的帐户,结计"过次页"的本页合计数应当为自本月初起至本页末止的发生额合计数;对需要结计本年累计发生额的帐户,结计"过次页"的本页合计数应当为自年初起至本页末止的累计数,对既不需要结计本月发生额也不需要结计本年累计发生额的帐户,可以只将每页末的余额结转次页。

第六十一条 帐簿记录发生错误,不准涂改、挖补、刮擦或者用药水消除字迹,不准重新抄写,必须按照下列方法进行更正:

(一)登记帐簿时发生错误,应当将错误的文字或者数字划红线注销,但必须使原有字迹仍可辨认;然后在划线上方填写正确的文字或者数字,并由记帐人员在更正处盖章。对于错误的数字,应当全部划红线更正,不得只更正其中的错误数字。对于文字错误,可只划去错误的部分。

(二)由于记帐凭证错误而使帐簿记录发生错误,应当按更正的记帐凭证登记帐簿。

第六十二条 各单位应当定期对会计帐簿记录的有关数字与库存实物、货币资金、有价证券、往来单位或者个人等进行相互核对,保证帐证相符、帐帐相符、帐实相符。对帐工作每年至少进行一次。

(一)帐证核对。核对会计帐簿记录与原始凭证、记帐凭证的时间、凭证字号、内容、金额是否一致,记帐方向是否相符。

(二)帐帐核对。核对不同会计帐簿之间的帐簿记录是否相符,包括:总帐有关帐户的余额核对,总帐与明细帐核对,总帐与日记帐核对,会计部门的财产物资明细帐与财产物资保管和使用部门的有关明细帐核对等。

(三)帐实核对。核对会计帐簿记录与财产等实有数额是否相符。包括:现金日记帐帐面余额与现金实际库存数相核对;银行存款日记帐帐面余额定期与银行对帐单核对;各种财物明细帐帐面余额与财物实存数额相核对;各种应收、应付款明细帐帐面余额与有关债务、债权单位或者个人核对等。

第六十三条 各单位应当按照规定定期结帐。

(一)结帐前,必须将本期内所发生的各项经济业务全部登记入帐。

(二)结帐时,应当结出每个帐户的期末余额。需要结出当月发生额的,应当在摘要栏内注明"本月合计"字样,并在下面通栏划单红线。需要结出本年累计发生额的,应当在摘要栏内注明"本年累计"字样,并在下面通栏划单红线;12月末的"本年累计"就是全年累计发生额。全年累计发生额下面应当通栏划双红线。年度终了结帐时,所有总帐帐户都应当结出全年发生额和年末余额。

(三)年度终了,要把各帐户的余额结转到下一会计年度,并在摘要栏注明"结转下年"字样;在下一会计年度新建有关会计帐簿的第一行余额栏内填写上年结转的余额,并在摘要栏注明"上年结转"字样。

第四节 编制财务报告

第六十四条 各单位必须按照国家统一会计制度的规定,定期编制财务报告。

财务报告包括会计报表及其说明。会计报表包括会计报表主表、会计报表附表、会计报表附注。

第六十五条 各单位对外报送的财务报告应当根据国家统一会计制度规定的格式和要求编制。

单位内部使用的财务报告,其格式和要求由各单位自行规定。

第六十六条 会计报表应当根据登记完整、核对无误的会计帐簿记录和其他有关资料编制,做到数字真实、计算准确、内容完整、说明清楚。

任何人不得篡改或者授意、指使、强令他人篡改会计报表的有关数字。

第六十七条 会计报表之间、会计报表各项目之间,凡有对应关系的数字,应当相互一致。本期会计报表与上期会计报表之间有关的数字应当相互衔接。如果不同会计年度会计报表中各项目的内容和核算方法有变更的,应当在年度会计报表中加以说明。

第六十八条 各单位应当按照国家统一会计制度的规定认真编写会计报表附注及其说明,做到项目齐全,内容完整。

第六十九条 各单位应当按照国家规定的期限对外报送财务报告。

对外报送的财务报告,应当依次编写页码,加具封面,装订成册,加盖公章。封面上应当注明:单位名称,单位地址,财务报告所属年度、季度、月度,送出日期,并由单位领导人、总会计师、会计机构负责人、会计主管人员签名或者盖章。

单位领导人对财务报告的合法性、真实性负法律责任。

第七十条 根据法律和国家有关规定应当对财务报告进行审计的,财务报告编制单位应当先行委托注册会计师进行审计,并将注册会计师出具的审计报告随同财务报告按照规定的期限报送有关部门。

第七十一条 如果发现对外报送的财务报告有错误,应当及时办理更正手续。除更正本单位留存的财务报告外,并应同时通知接受财务报告的单位更正。错误较多的,应当重新编报。

第四章 会 计 监 督

第七十二条 各单位的会计机构、会计人员对本单位的经济活动进行会计监督。

第七十三条 会计机构、会计人员进行会计监督的依据是：

（一）财经法律、法规、规章；

（二）会计法律、法规和国家统一会计制度；

（三）各省、自治区、直辖市财政厅（局）和国务院业务主管部门根据《中华人民共和国会计法》和国家统一会计制度制定的具体实施办法或者补充规定；

（四）各单位根据《中华人民共和国会计法》和国家统一会计制度制定的单位内部会计管理制度；

（五）各单位内部的预算、财务计划、经济计划、业务计划等。

第七十四条 会计机构、会计人员应当对原始凭证进行审核和监督。

对不真实、不合法的原始凭证，不予受理。对弄虚作假、严重违法的原始凭证，在不予受理的同时，应当予以扣留，并及时向单位领导人报告，请求查明原因，追究当事人的责任。

对记载不准确、不完整的原始凭证，予以退回，要求经办人员更正、补充。

第七十五条 会计机构、会计人员对伪造、变造、故意毁灭会计帐簿或者帐外设帐行为，应当制止和纠正；制止和纠正无效的，应当向上级主管单位报告，请求作出处理。

第七十六条 会计机构、会计人员应当对实物、款项进行监督，督促建立并严格执行财产清查制度。发现帐簿记录与实物、款项不符时，应当按照国家有关规定进行处理。超出会计机构、会计人员职权范围的，应当立即向本单位领导报告，请求查明原因，作出处理。

第七十七条 会计机构、会计人员对指使、强令编造、篡改财务报告行为，应当制止和纠正；制止和纠正无效的，应当向上级主管单位报告，请求处理。

第七十八条 会计机构、会计人员应当对财务收支进行监督。

（一）对审批手续不全的财务收支，应当退回，要求补充、更正。

（二）对违反规定不纳入单位统一会计核算的财务收支，应当制止和纠正。

（三）对违反国家统一的财政、财务、会计制度规定的财务收支，不予办理。

（四）对认为是违反国家统一的财政、财务、会计制度规定的财务收支，应当制止和纠正；制止和纠正无效的，应当向单位领导人提出书面意见请求处理。

单位领导人应当在接到书面意见起十日内作出书面决定，并对决定承担责任。

（五）对违反国家统一的财政、财务、会计制度规定的财务收支，不予制止和纠正，又不向单位领导人提出书面意见的，也应当承担责任。

（六）对严重违反国家利益和社会公众利益的财务收支，应当向主管单位或者财政、审计、税务机关报告。

第七十九条　会计机构、会计人员对违反单位内部会计管理制度的经济活动，应当制止和纠正；制止和纠正无效的，向单位领导人报告，请求处理。

第八十条　会计机构、会计人员应当对单位制定的预算、财务计划、经济计划、业务计划的执行情况进行监督。

第八十一条　各单位必须依照法律和国家有关规定接受财政、审计、税务等机关的监督，如实提供会计凭证、会计帐簿、会计报表和其他会计资料以及有关情况，不得拒绝、隐匿、谎报。

第八十二条　按照法律规定应当委托注册会计师进行审计的单位，应当委托注册会计师进行审计，并配合注册会计师的工作，如实提供会计凭证、会计帐簿、会计报表和其他会计资料以及有关情况，不得拒绝、隐匿、谎报，不得示意注册会计师出具不当的审计报告。

第五章　内部会计管理制度

第八十三条　各单位应当根据《中华人民共和国会计法》和国家统一会计制度的规定，结合单位类型和内容管理的需要，建立健全相应的内部会计管理制度。

第八十四条　各单位制定内部会计管理制度应当遵循下列原则：

（一）应当执行法律、法规和国家统一的财务会计制度。

（二）应当体现本单位的生产经营、业务管理的特点和要求。

（三）应当全面规范本单位的各项会计工作，建立健全会计基础，保证会计工作的有序进行。

（四）应当科学、合理,便于操作和执行。

（五）应当定期检查执行情况。

（六）应当根据管理需要和执行中的问题不断完善。

第八十五条 各单位应当建立内部会计管理体系。主要内容包括:单位领导人、总会计师对会计工作的领导职责;会计部门及其会计机构负责人、会计主管人员的职责、权限;会计部门与其他职能部门的关系;会计核算的组织形式等。

第八十六条 各单位应当建立会计人员岗位责任制度。主要内容包括:会计人员的工作岗位设置;各会计工作岗位的职责和标准;各会计工作岗位的人员和具体分工;会计工作岗位轮换办法;对各会计工作岗位的考核办法。

第八十七条 各单位应当建立帐务处理程序制度。主要内容包括:会计科目及其明细科目的设置和使用;会计凭证的格式、审核要求和传递程序;会计核算方法;会计帐簿的设置;编制会计报表的种类和要求;单位会计指标体系。

第八十八条 各单位应当建立内部牵制制度。主要内容包括:内部牵制制度的原则;组织分工;出纳岗位的职责和限制条件;有关岗位的职责和权限。

第八十九条 各单位应当建立稽核制度。主要内容包括:稽核工作的组织形式和具体分工;稽核工作的职责、权限;审核会计凭证和复核会计帐簿、会计报表的方法。

第九十条 各单位应当建立原始记录管理制度。主要内容包括:原始记录的内容和填制方法;原始记录的格式;原始记录的审核;原始记录填制人的责任;原始记录签署、传递、汇集要求。

第九十一条 各单位应当建立定额管理制度。主要内容包括:定额管理的范围;制定和修订定额的依据、程序和方法;定额的执行;定额考核和奖惩办法等。

第九十二条 各单位应当建立计量验收制度。主要内容包括:计量检测手段和方法;计量验收管理的要求;计量验收人员的责任和奖惩办法。

第九十三条 各单位应当建立财产清查制度。主要内容包括:财产清查的范围;财产清查的组织;财产清查的期限和方法;对财产清查中发现问题的处理办法;对财产管理人员的奖惩办法。

第九十四条 各单位应当建立财务收支审批制度。主要内容包括:财务收支审批人员和审批权限;财务收支审批程序;财务收支审批人员的责任。

第九十五条 实行成本核算的单位应当建立成本核算制度。主要内容包括:成本核算的对象;成本核算的方法和程序;成本分析等。

第九十六条 各单位应当建立财务会计分析制度。主要内容包括:财务会计分析的主要内容;财务会计分析的基本要求和组织程序;财务会计分析的具体方法;财务会计分析报告的编写要求等。

第六章 附 则

第九十七条 本规范所称国家统一会计制度,是指由财政部制定、或者财政部与国务院有关部门联合制定、或者经财政部审核批准的在全国范围内统一执行的会计规章、准则、办法等规范性文件。

本规范所称会计主管人员,是指不设置会计机构、只在其他机构中设置专职会计人员的单位行使会计机构负责人职权的人员。

本规范第三章第二节和第三节关于填制会计凭证、登记会计帐簿的规定,除特别指出外,一般适用于手工记帐。实行会计电算化的单位,填制会计凭证和登记会计帐簿的有关要求,应当符合财政部关于会计电算化的有关规定。

第九十八条 各省、自治区、直辖市财政厅(局)、国务院各业务主管部门可以根据本规范的原则,结合本地区、本部门的具体情况,制定具体实施办法,报财政部备案。

第九十九条 本规范由财政部负责解释、修改。

第一百条 本规范自公布之日起实施。1984年4月24日财政部发布的《会计人员工作规则》同时废止。

政府会计准则——基本准则

(2015 年 10 月 23 日财政部令第 78 号公布
自 2017 年 1 月 1 日起施行)

第一章 总 则

第一条 为了规范政府的会计核算,保证会计信息质量,根据《中华人民共和国会计法》《中华人民共和国预算法》和其他有关法律、行政法规,制定本准则。

第二条 本准则适用于各级政府、各部门、各单位(以下统称政府会计主体)。

前款所称各部门、各单位是指与本级政府财政部门直接或者间接发生预算拨款关系的国家机关、军队、政党组织、社会团体、事业单位和其他单位。

军队、已纳入企业财务管理体系的单位和执行《民间非营利组织会计制度》的社会团体,不适用本准则。

第三条 政府会计由预算会计和财务会计构成。

预算会计实行收付实现制,国务院另有规定的,依照其规定。

财务会计实行权责发生制。

第四条 政府会计具体准则及其应用指南、政府会计制度等,应当由财政部遵循本准则制定。

第五条 政府会计主体应当编制决算报告和财务报告。

决算报告的目标是向决算报告使用者提供与政府预算执行情况有关的信息,综合反映政府会计主体预算收支的年度执行结果,有助于决算报告使用者进行监督和管理,并为编制后续年度预算提供参考和依据。政府决算报告使用者包括各级人民代表大会及其常务委员会、各级政府及其有关部门、政府会计主体自身、社会公众和其他利益相关者。

财务报告的目标是向财务报告使用者提供与政府的财务状况、运行情况(含运行成本,下同)和现金流量等有关信息,反映政府会计主体公共受托责任履行情况,有助于财务报告使用者作出决策或者进行监督和管理。政府财务报告使用者包括各级人民代表大会常务委员会、债权人、各级政府及其有关部门、政府会计主体自身和其他利益相关者。

第六条 政府会计主体应当对其自身发生的经济业务或者事项进行会计核算。

第七条 政府会计核算应当以政府会计主体持续运行为前提。

第八条 政府会计核算应当划分会计期间,分期结算账目,按规定编制决算报告和财务报告。

会计期间至少分为年度和月度。会计年度、月度等会计期间的起讫日期采用公历日期。

第九条 政府会计核算应当以人民币作为记账本位币。发生外币业务时,应当将有关外币金额折算为人民币金额计量,同时登记外币金额。

第十条 政府会计核算应当采用借贷记账法记账。

第二章 政府会计信息质量要求

第十一条 政府会计主体应当以实际发生的经济业务或者事项为依据进行会计核算,如实反映各项会计要素的情况和结果,保证会计信息真实可靠。

第十二条 政府会计主体应当将发生的各项经济业务或者事项统一纳入会计核算,确保会计信息能够全面反映政府会计主体预算执行情况和财务状况、运行情况、现金流量等。

第十三条 政府会计主体提供的会计信息,应当与反映政府会计主体公共受托责任履行情况以及报告使用者决策或者监督、管理的需要相关,有助于报告使用者对政府会计主体过去、现在或者未来的情况作出评价或者预测。

第十四条　政府会计主体对已经发生的经济业务或者事项,应当及时进行会计核算,不得提前或者延后。

第十五条　政府会计主体提供的会计信息应当具有可比性。

同一政府会计主体不同时期发生的相同或者相似的经济业务或者事项,应当采用一致的会计政策,不得随意变更。确需变更的,应当将变更的内容、理由及其影响在附注中予以说明。

不同政府会计主体发生的相同或者相似的经济业务或者事项,应当采用一致的会计政策,确保政府会计信息口径一致,相互可比。

第十六条　政府会计主体提供的会计信息应当清晰明了,便于报告使用者理解和使用。

第十七条　政府会计主体应当按照经济业务或者事项的经济实质进行会计核算,不限于以经济业务或者事项的法律形式为依据。

第三章　政府预算会计要素

第十八条　政府预算会计要素包括预算收入、预算支出与预算结余。

第十九条　预算收入是指政府会计主体在预算年度内依法取得的并纳入预算管理的现金流入。

第二十条　预算收入一般在实际收到时予以确认,以实际收到的金额计量。

第二十一条　预算支出是指政府会计主体在预算年度内依法发生并纳入预算管理的现金流出。

第二十二条　预算支出一般在实际支付时予以确认,以实际支付的金额计量。

第二十三条　预算结余是指政府会计主体预算年度内预算收入扣除预算支出后的资金余额,以及历年滚存的资金余额。

第二十四条　预算结余包括结余资金和结转资金。

结余资金是指年度预算执行终了,预算收入实际完成数扣除预算支出和结转资金后剩余的资金。

结转资金是指预算安排项目的支出年终尚未执行完毕或者因故未执行,且下年需要按原用途继续使用的资金。

第二十五条 符合预算收入、预算支出和预算结余定义及其确认条件的项目应当列入政府决算报表。

第四章 政府财务会计要素

第二十六条 政府财务会计要素包括资产、负债、净资产、收入和费用。

第一节 资　　产

第二十七条 资产是指政府会计主体过去的经济业务或者事项形成的，由政府会计主体控制的，预期能够产生服务潜力或者带来经济利益流入的经济资源。

服务潜力是指政府会计主体利用资产提供公共产品和服务以履行政府职能的潜在能力。

经济利益流入表现为现金及现金等价物的流入，或者现金及现金等价物流出的减少。

第二十八条 政府会计主体的资产按照流动性，分为流动资产和非流动资产。

流动资产是指预计在1年内（含1年）耗用或者可以变现的资产，包括货币资金、短期投资、应收及预付款项、存货等。

非流动资产是指流动资产以外的资产，包括固定资产、在建工程、无形资产、长期投资、公共基础设施、政府储备资产、文物文化资产、保障性住房和自然资源资产等。

第二十九条 符合本准则第二十七条规定的资产定义的经济资源，在同时满足以下条件时，确认为资产：

（一）与该经济资源相关的服务潜力很可能实现或者经济利益很可能流入政府会计主体；

（二）该经济资源的成本或者价值能够可靠地计量。

第三十条 资产的计量属性主要包括历史成本、重置成本、现值、公允价值和名义金额。

在历史成本计量下，资产按照取得时支付的现金金额或者支付对价的公允价值计量。

在重置成本计量下,资产按照现在购买相同或者相似资产所需支付的现金金额计量。

在现值计量下,资产按照预计从其持续使用和最终处置中所产生的未来净现金流入量的折现金额计量。

在公允价值计量下,资产按照市场参与者在计量日发生的有序交易中,出售资产所能收到的价格计量。

无法采用上述计量属性的,采用名义金额(即人民币1元)计量。

第三十一条 政府会计主体在对资产进行计量时,一般应当采用历史成本。

采用重置成本、现值、公允价值计量的,应当保证所确定的资产金额能够持续、可靠计量。

第三十二条 符合资产定义和资产确认条件的项目,应当列入资产负债表。

第二节 负 债

第三十三条 负债是指政府会计主体过去的经济业务或者事项形成的,预期会导致经济资源流出政府会计主体的现时义务。

现时义务是指政府会计主体在现行条件下已承担的义务。未来发生的经济业务或者事项形成的义务不属于现时义务,不应当确认为负债。

第三十四条 政府会计主体的负债按照流动性,分为流动负债和非流动负债。

流动负债是指预计在1年内(含1年)偿还的负债,包括应付及预收款项、应付职工薪酬、应缴款项等。

非流动负债是指流动负债以外的负债,包括长期应付款、应付政府债券和政府依法担保形成的债务等。

第三十五条 符合本准则第三十三条规定的负债定义的义务,在同时满足以下条件时,确认为负债:

(一)履行该义务很可能导致含有服务潜力或者经济利益的经济资源流出政府会计主体;

(二)该义务的金额能够可靠地计量。

第三十六条 负债的计量属性主要包括历史成本、现值和公允价值。

在历史成本计量下,负债按照因承担现时义务而实际收到的款项或者资产的金额,或者承担现时义务的合同金额,或者按照为偿还负债预期需要支付的现金计量。

在现值计量下,负债按照预计期限内需要偿还的未来净现金流出量的折现金额计量。

在公允价值计量下,负债按照市场参与者在计量日发生的有序交易中,转移负债所需支付的价格计量。

第三十七条 政府会计主体在对负债进行计量时,一般应当采用历史成本。

采用现值、公允价值计量的,应当保证所确定的负债金额能够持续、可靠计量。

第三十八条 符合负债定义和负债确认条件的项目,应当列入资产负债表。

第三节 净 资 产

第三十九条 净资产是指政府会计主体资产扣除负债后的净额。

第四十条 净资产金额取决于资产和负债的计量。

第四十一条 净资产项目应当列入资产负债表。

第四节 收 入

第四十二条 收入是指报告期内导致政府会计主体净资产增加的、含有服务潜力或者经济利益的经济资源的流入。

第四十三条 收入的确认应当同时满足以下条件:

(一)与收入相关的含有服务潜力或者经济利益的经济资源很可能流入政府会计主体;

(二)含有服务潜力或者经济利益的经济资源流入会导致政府会计主体资产增加或者负债减少;

（三）流入金额能够可靠地计量。

第四十四条 符合收入定义和收入确认条件的项目,应当列入收入费用表。

第五节 费 用

第四十五条 费用是指报告期内导致政府会计主体净资产减少的、含有服务潜力或者经济利益的经济资源的流出。

第四十六条 费用的确认应当同时满足以下条件：

（一）与费用相关的含有服务潜力或者经济利益的经济资源很可能流出政府会计主体；

（二）含有服务潜力或者经济利益的经济资源流出会导致政府会计主体资产减少或者负债增加；

（三）流出金额能够可靠地计量。

第四十七条 符合费用定义和费用确认条件的项目,应当列入收入费用表。

第五章 政府决算报告和财务报告

第四十八条 政府决算报告是综合反映政府会计主体年度预算收支执行结果的文件。

政府决算报告应当包括决算报表和其他应当在决算报告中反映的相关信息和资料。

政府决算报告的具体内容及编制要求等,由财政部另行规定。

第四十九条 政府财务报告是反映政府会计主体某一特定日期的财务状况和某一会计期间的运行情况和现金流量等信息的文件。

政府财务报告应当包括财务报表和其他应当在财务报告中披露的相关信息和资料。

第五十条 政府财务报告包括政府综合财务报告和政府部门财务报告。

政府综合财务报告是指由政府财政部门编制的,反映各级政府整体财务状况、运行情况和财政中长期可持续性的报告。

政府部门财务报告是指政府各部门、各单位按规定编制的财务报告。

第五十一条 财务报表是对政府会计主体财务状况、运行情况和现金流量等信息的结构性表述。

财务报表包括会计报表和附注。

会计报表至少应当包括资产负债表、收入费用表和现金流量表。

政府会计主体应当根据相关规定编制合并财务报表。

第五十二条 资产负债表是反映政府会计主体在某一特定日期的财务状况的报表。

第五十三条 收入费用表是反映政府会计主体在一定会计期间运行情况的报表。

第五十四条 现金流量表是反映政府会计主体在一定会计期间现金及现金等价物流入和流出情况的报表。

第五十五条 附注是对在资产负债表、收入费用表、现金流量表等报表中列示项目所作的进一步说明，以及对未能在这些报表中列示项目的说明。

第五十六条 政府决算报告的编制主要以收付实现制为基础，以预算会计核算生成的数据为准。

政府财务报告的编制主要以权责发生制为基础，以财务会计核算生成的数据为准。

第六章　附　　则

第五十七条 本准则所称会计核算，包括会计确认、计量、记录和报告各个环节，涵盖填制会计凭证、登记会计账簿、编制报告全过程。

第五十八条 本准则所称预算会计，是指以收付实现制为基础对政府会计主体预算执行过程中发生的全部收入和全部支出进行会计核算，主要反映和监督预算收支执行情况的会计。

第五十九条 本准则所称财务会计，是指以权责发生制为基础对政府会计主体发生的各项经济业务或者事项进行会计核算，主要反映和监督政府会计主体财务状况、运行情况和现金流量等的会计。

第六十条 本准则所称收付实现制，是指以现金的实际收付为标志来确定本期收入和支出的会计核算基础。凡在当期实际收到的现金收入和支出，均应作为当期的收入和支出;凡是不属于当期的现金收入和支出,均不应当作为当期的收入和支出。

第六十一条 本准则所称权责发生制,是指以取得收取款项的权利或支付款项的义务为标志来确定本期收入和费用的会计核算基础。凡是当期已经实现的收入和已经发生的或应当负担的费用,不论款项是否收付,都应当作为当期的收入和费用;凡是不属于当期的收入和费用,即使款项已在当期收付,也不应当作为当期的收入和费用。

第六十二条 本准则自2017年1月1日起施行。

企业会计准则——基本准则

(2006年2月15日财政部令第33号公布 根据2014年7月23日财政部令第76号《关于修改〈企业会计准则——基本准则〉的决定》修正)

第一章 总 则

第一条 为了规范企业会计确认、计量和报告行为,保证会计信息质量,根据《中华人民共和国会计法》和其他有关法律、行政法规,制定本准则。

第二条 本准则适用于在中华人民共和国境内设立的企业(包括公司,下同)。

第三条 企业会计准则包括基本准则和具体准则,具体准则的制定应当遵循本准则。

第四条 企业应当编制财务会计报告(又称财务报告,下同)。财务会计报告的目标是向财务会计报告使用者提供与企业财务状况、经营成果和现金流量等有关的会计信息,反映企业管理层受托责任履行情况,有助于财务会计报告使用者作出经济决策。

财务会计报告使用者包括投资者、债权人、政府及其有关部门和社会公众等。

第五条 企业应当对其本身发生的交易或者事项进行会计确认、计量和报告。

第六条 企业会计确认、计量和报告应当以持续经营为前提。

第七条 企业应当划分会计期间,分期结算账目和编制财务会计报告。

会计期间分为年度和中期。中期是指短于一个完整的会计年度的报告期间。

第八条 企业会计应当以货币计量。

第九条 企业应当以权责发生制为基础进行会计确认、计量和报告。

第十条 企业应当按照交易或者事项的经济特征确定会计要素。会计要素包括资产、负债、所有者权益、收入、费用和利润。

第十一条 企业应当采用借贷记账法记账。

第二章 会计信息质量要求

第十二条 企业应当以实际发生的交易或者事项为依据进行会计确认、计量和报告,如实反映符合确认和计量要求的各项会计要素及其他相关信息,保证会计信息真实可靠、内容完整。

第十三条 企业提供的会计信息应当与财务会计报告使用者的经济决策需要相关,有助于财务会计报告使用者对企业过去、现在或者未来的情况作出评价或者预测。

第十四条 企业提供的会计信息应当清晰明了,便于财务会计报告使用者理解和使用。

第十五条 企业提供的会计信息应当具有可比性。

同一企业不同时期发生的相同或者相似的交易或者事项,应当采用一致的会计政策,不得随意变更。确需变更的,应当在附注中说明。

不同企业发生的相同或者相似的交易或者事项,应当采用规定的会计政策,确保会计信息口径一致、相互可比。

第十六条 企业应当按照交易或者事项的经济实质进行会计确认、计量和报告,不应仅以交易或者事项的法律形式为依据。

第十七条 企业提供的会计信息应当反映与企业财务状况、经营成果和现金流量等有关的所有重要交易或者事项。

第十八条 企业对交易或者事项进行会计确认、计量和报告应当保持应有的谨慎,不应高估资产或者收益、低估负债或者费用。

第十九条 企业对于已经发生的交易或者事项,应当及时进行会计确认、计量和报告,不得提前或者延后。

第三章 资 产

第二十条 资产是指企业过去的交易或者事项形成的、由企业拥有或者控制的、预期会给企业带来经济利益的资源。

前款所指的企业过去的交易或者事项包括购买、生产、建造行为或其他交易或者事项。预期在未来发生的交易或者事项不形成资产。

由企业拥有或者控制,是指企业享有某项资源的所有权,或者虽然不享有某项资源的所有权,但该资源能被企业所控制。

预期会给企业带来经济利益,是指直接或者间接导致现金和现金等价物流入企业的潜力。

第二十一条 符合本准则第二十条规定的资产定义的资源,在同时满足以下条件时,确认为资产:

(一)与该资源有关的经济利益很可能流入企业;

(二)该资源的成本或者价值能够可靠地计量。

第二十二条 符合资产定义和资产确认条件的项目,应当列入资产负债表;符合资产定义、但不符合资产确认条件的项目,不应当列入资产负债表。

第四章 负 债

第二十三条 负债是指企业过去的交易或者事项形成的、预期会导致经济利益流出企业的现时义务。

现时义务是指企业在现行条件下已承担的义务。未来发生的交易或者事项形成的义务,不属于现时义务,不应当确认为负债。

第二十四条 符合本准则第二十三条规定的负债定义的义务,在同时满足以下条件时,确认为负债:

(一)与该义务有关的经济利益很可能流出企业;

(二)未来流出的经济利益的金额能够可靠地计量。

第二十五条 符合负债定义和负债确认条件的项目,应当列入资产负债表;符合负债定义、但不符合负债确认条件的项目,不应当列入资产负债表。

第五章 所有者权益

第二十六条 所有者权益是指企业资产扣除负债后由所有者享有的剩余权益。

公司的所有者权益又称为股东权益。

第二十七条 所有者权益的来源包括所有者投入的资本、直接计入所有者权益的利得和损失、留存收益等。

直接计入所有者权益的利得和损失,是指不应计入当期损益、会导致所有者权益发生增减变动的、与所有者投入资本或者向所有者分配利润无关的利得或者损失。

利得是指由企业非日常活动所形成的、会导致所有者权益增加的、与所有者投入资本无关的经济利益的流入。

损失是指由企业非日常活动所发生的、会导致所有者权益减少的、与向所有者分配利润无关的经济利益的流出。

第二十八条 所有者权益金额取决于资产和负债的计量。

第二十九条 所有者权益项目应当列入资产负债表。

第六章 收 入

第三十条 收入是指企业在日常活动中形成的、会导致所有者权益增加的、与所有者投入资本无关的经济利益的总流入。

第三十一条 收入只有在经济利益很可能流入从而导致企业资产增加或者负债减少、且经济利益的流入额能够可靠计量时才予以确认。

第三十二条 符合收入定义和收入确认条件的项目,应当列入利润表。

第七章　费　　用

第三十三条　费用是指企业在日常活动中发生的、会导致所有者权益减少的、与向所有者分配利润无关的经济利益的总流出。

第三十四条　费用只有在经济利益很可能流出从而导致企业资产减少或者负债增加、且经济利益的流出额能够可靠计量时才能予以确认。

第三十五条　企业为生产产品、提供劳务等发生的可归属于产品成本、劳务成本等的费用，应当在确认产品销售收入、劳务收入等时，将已销售产品、已提供劳务的成本等计入当期损益。

企业发生的支出不产生经济利益的，或者即使能够产生经济利益但不符合或者不再符合资产确认条件的，应当在发生时确认为费用，计入当期损益。

企业发生的交易或者事项导致其承担了一项负债而又不确认为一项资产的，应当在发生时确认为费用，计入当期损益。

第三十六条　符合费用定义和费用确认条件的项目，应当列入利润表。

第八章　利　　润

第三十七条　利润是指企业在一定会计期间的经营成果。利润包括收入减去费用后的净额、直接计入当期利润的利得和损失等。

第三十八条　直接计入当期利润的利得和损失，是指应当计入当期损益、会导致所有者权益发生增减变动的、与所有者投入资本或者向所有者分配利润无关的利得或者损失。

第三十九条　利润金额取决于收入和费用、直接计入当期利润的利得和损失金额的计量。

第四十条　利润项目应当列入利润表。

第九章　会　计　计　量

第四十一条　企业在将符合确认条件的会计要素登记入账并列报于会计报表及其附注（又称财务报表，下同）时，应当按照规定的会计计量属性进行计量,确定其金额。

第四十二条 会计计量属性主要包括:

(一)历史成本。在历史成本计量下,资产按照购置时支付的现金或者现金等价物的金额,或者按照购置资产时所付出的对价的公允价值计量。负债按照因承担现时义务而实际收到的款项或者资产的金额,或者承担现时义务的合同金额,或者按照日常活动中为偿还负债预期需要支付的现金或者现金等价物的金额计量。

(二)重置成本。在重置成本计量下,资产按照现在购买相同或者相似资产所需支付的现金或者现金等价物的金额计量。负债按照现在偿付该项债务所需支付的现金或者现金等价物的金额计量。

(三)可变现净值。在可变现净值计量下,资产按照其正常对外销售所能收到现金或者现金等价物的金额扣减该资产至完工时估计将要发生的成本、估计的销售费用以及相关税费后的金额计量。

(四)现值。在现值计量下,资产按照预计从其持续使用和最终处置中所产生的未来净现金流入量的折现金额计量。负债按照预计期限内需要偿还的未来净现金流出量的折现金额计量。

(五)公允价值。在公允价值计量下,资产和负债按照市场参与者在计量日发生的有序交易中,出售资产所能收到或者转移负债所需支付的价格计量。

第四十三条 企业在对会计要素进行计量时,一般应当采用历史成本,采用重置成本、可变现净值、现值、公允价值计量的,应当保证所确定的会计要素金额能够取得并可靠计量。

第十章 财务会计报告

第四十四条 财务会计报告是指企业对外提供的反映企业某一特定日期的财务状况和某一会计期间的经营成果、现金流量等会计信息的文件。

财务会计报告包括会计报表及其附注和其他应当在财务会计报告中披露的相关信息和资料。会计报表至少应当包括资产负债表、利润表、现金流量表等报表。

小企业编制的会计报表可以不包括现金流量表。

第四十五条 资产负债表是指反映企业在某一特定日期的财务状况的会计报表。

第四十六条 利润表是指反映企业在一定会计期间的经营成果的会计报表。

第四十七条 现金流量表是指反映企业在一定会计期间的现金和现金等价物流入和流出的会计报表。

第四十八条 附注是指对在会计报表中列示项目所作的进一步说明,以及对未能在这些报表中列示项目的说明等。

第十一章 附 则

第四十九条 本准则由财政部负责解释。

第五十条 本准则自 2007 年 1 月 1 日起施行。

最高人民法院关于审理涉及会计师事务所在审计业务活动中民事侵权赔偿案件的若干规定

(2007 年 6 月 4 日最高人民法院审判委员会第 1428 次会议通过
2007 年 6 月 11 日公布 法释〔2007〕12 号
自 2007 年 6 月 15 日起施行)

为正确审理涉及会计师事务所在审计业务活动中民事侵权赔偿案件,维护社会公共利益和相关当事人的合法权益,根据《中华人民共和国民法通则》、《中华人民共和国注册会计师法》、《中华人民共和国公司法》、《中华人民共和国证券法》等法律,结合审判实践,制定本规定。

第一条 利害关系人以会计师事务所在从事注册会计师法第十四条规定的审计业务活动中出具不实报告并致其遭受损失为由,向人民法院提起民事侵权赔偿诉讼的,人民法院应当依法受理。

第二条 因合理信赖或者使用会计师事务所出具的不实报告,与被审计单位进行交易或者从事与被审计单位的股票、债券等有关的交易活动而遭受损失的自然人、法人或者其他组织,应认定为注册会计师法规定的利害关系人。

会计师事务所违反法律法规、中国注册会计师协会依法拟定并经国务院财政部门批准后施行的执业准则和规则以及诚信公允的原则,出具的具有虚假记载、误导性陈述或者重大遗漏的审计业务报告,应认定为不实报告。

第三条 利害关系人未对被审计单位提起诉讼而直接对会计师事务所提起诉讼的,人民法院应当告知其对会计师事务所和被审计单位一并提起诉讼;利害关系人拒不起诉被审计单位的,人民法院应当通知被审计单位作为共同被告参加诉讼。

利害关系人对会计师事务所的分支机构提起诉讼的,人民法院可以将该会计师事务所列为共同被告参加诉讼。

利害关系人提出被审计单位的出资人虚假出资或者出资不实、抽逃出资,且事后未补足的,人民法院可以将该出资人列为第三人参加诉讼。

第四条 会计师事务所因在审计业务活动中对外出具不实报告给利害关系人造成损失的,应当承担侵权赔偿责任,但其能够证明自己没有过错的除外。

会计师事务所在证明自己没有过错时,可以向人民法院提交与该案件相关的执业准则、规则以及审计工作底稿等。

第五条 注册会计师在审计业务活动中存在下列情形之一,出具不实报告并给利害关系人造成损失的,应当认定会计师事务所与被审计单位承担连带赔偿责任:

(一)与被审计单位恶意串通;

(二)明知被审计单位对重要事项的财务会计处理与国家有关规定相抵触,而不予指明;

(三)明知被审计单位的财务会计处理会直接损害利害关系人的利益,

而予以隐瞒或者作不实报告；

（四）明知被审计单位的财务会计处理会导致利害关系人产生重大误解，而不予指明；

（五）明知被审计单位的会计报表的重要事项有不实的内容，而不予指明；

（六）被审计单位示意其作不实报告，而不予拒绝。

对被审计单位有前款第（二）至（五）项所列行为，注册会计师按照执业准则、规则应当知道的，人民法院应认定其明知。

第六条 会计师事务所在审计业务活动中因过失出具不实报告，并给利害关系人造成损失的，人民法院应当根据其过失大小确定其赔偿责任。

注册会计师在审计过程中未保持必要的职业谨慎，存在下列情形之一，并导致报告不实的，人民法院应当认定会计师事务所存在过失：

（一）违反注册会计师法第二十条第（二）、（三）项的规定；

（二）负责审计的注册会计师以低于行业一般成员应具备的专业水准执业；

（三）制定的审计计划存在明显疏漏；

（四）未依据执业准则、规则执行必要的审计程序；

（五）在发现可能存在错误和舞弊的迹象时，未能追加必要的审计程序予以证实或者排除；

（六）未能合理地运用执业准则和规则所要求的重要性原则；

（七）未根据审计的要求采用必要的调查方法获取充分的审计证据；

（八）明知对总体结论有重大影响的特定审计对象缺少判断能力，未能寻求专家意见而直接形成审计结论；

（九）错误判断和评价审计证据；

（十）其他违反执业准则、规则确定的工作程序的行为。

第七条 会计师事务所能够证明存在以下情形之一的，不承担民事赔偿责任：

（一）已经遵守执业准则、规则确定的工作程序并保持必要的职业谨慎，但仍未能发现被审计的会计资料错误；

（二）审计业务所必须依赖的金融机构等单位提供虚假或者不实的证明文件，会计师事务所在保持必要的职业谨慎下仍未能发现其虚假或者不实；

（三）已对被审计单位的舞弊迹象提出警告并在审计业务报告中予以指明；

（四）已经遵照验资程序进行审核并出具报告，但被验资单位在注册登记后抽逃资金；

（五）为登记时未出资或者未足额出资的出资人出具不实报告，但出资人在登记后已补足出资。

第八条 利害关系人明知会计师事务所出具的报告为不实报告而仍然使用的，人民法院应当酌情减轻会计师事务所的赔偿责任。

第九条 会计师事务所在报告中注明"本报告仅供年检使用"、"本报告仅供工商登记使用"等类似内容的，不能作为其免责的事由。

第十条 人民法院根据本规定第六条确定会计师事务所承担与其过失程度相应的赔偿责任时，应按照下列情形处理：

（一）应先由被审计单位赔偿利害关系人的损失。被审计单位的出资人虚假出资、不实出资或者抽逃出资，事后未补足，且依法强制执行被审计单位财产后仍不足以赔偿损失的，出资人应在虚假出资、不实出资或者抽逃出资数额范围内向利害关系人承担补充赔偿责任。

（二）对被审计单位、出资人的财产依法强制执行后仍不足以赔偿损失的，由会计师事务所在其不实审计金额范围内承担相应的赔偿责任。

（三）会计师事务所对一个或者多个利害关系人承担的赔偿责任应以不实审计金额为限。

第十一条 会计师事务所与其分支机构作为共同被告的，会计师事务所对其分支机构的责任部分承担连带赔偿责任。

第十二条 本规定所涉会计师事务所侵权赔偿纠纷未经审判，人民法院不得将会计师事务所追加为被执行人。

第十三条 本规定自公布之日起施行。本院过去发布的有关会计师事务所民事责任的相关规定，与本规定相抵触的，不再适用。

在本规定公布施行前已经终审，当事人申请再审或者按照审判监督程序决定再审的会计师事务所民事侵权赔偿案件，不适用本规定。

在本规定公布施行后尚在一审或者二审阶段的会计师事务所民事侵权赔偿案件，适用本规定。

《中华人民共和国会计法》
新旧对照表

(画线部分表示删除的内容,黑体字部分表示新增的内容)

2017 年《会计法》	2024 年《会计法》
第一章 总 则	第一章 总 则
第一条 为了规范会计行为,保证会计资料真实、完整,加强经济管理和财务管理,提高经济效益,维护社会主义市场经济秩序,制定本法。	第一条 为了规范会计行为,保证会计资料真实、完整,加强经济管理和财务管理,提高经济效益,维护社会主义市场经济秩序,制定本法。
第二条 国家机关、社会团体、公司、企业、事业单位和其他组织(以下统称单位)必须依照本法办理会计事务。	第二条 **会计工作应当贯彻落实党和国家路线方针政策、决策部署,维护社会公共利益,为国民经济和社会发展服务。** 国家机关、社会团体、公司、企业、事业单位和其他组织(以下统称单位)必须依照本法办理会计事务。
第三条 各单位必须依法设置会计帐簿,并保证其真实、完整。	第三条 各单位必须依法设置会计账簿,并保证其真实、完整。
第四条 单位负责人对本单位的会计工作和会计资料的真实性、完整性负责。	第四条 单位负责人对本单位的会计工作和会计资料的真实性、完整性负责。

续表

2017 年《会计法》	2024 年《会计法》
第五条 会计机构、会计人员依照本法规定进行会计核算,实行会计监督。 任何单位或者个人不得以任何方式授意、指使、强令会计机构、会计人员伪造、变造会计凭证、会计帐簿和其他会计资料,提供虚假财务会计报告。 任何单位或者个人不得对依法履行职责、抵制违反本法规定行为的会计人员实行打击报复。	**第五条** 会计机构、会计人员依照本法规定进行会计核算,实行会计监督。 任何单位或者个人不得以任何方式授意、指使、强令会计机构、会计人员伪造、变造会计凭证、会计**账**簿和其他会计资料,提供虚假财务会计报告。 任何单位或者个人不得对依法履行职责、抵制违反本法规定行为的会计人员实行打击报复。
第六条 对认真执行本法,忠于职守,坚持原则,做出显著成绩的会计人员,给予精神的或者物质的奖励。	**第六条** 对认真执行本法,忠于职守,坚持原则,做出显著成绩的会计人员,给予精神的或者物质的奖励。
第七条 国务院财政部门主管全国的会计工作。 县级以上地方各级人民政府财政部门管理本行政区域内的会计工作。	**第七条** 国务院财政部门主管全国的会计工作。 县级以上地方各级人民政府财政部门管理本行政区域内的会计工作。
第八条 国家实行统一的会计制度。国家统一的会计制度由国务院财政部门根据本法制定并公布。 国务院有关部门可以依照本法和国家统一的会计制度制定对会计核算和会计监督有特殊要求的行业实施国家统一的会计制度的具体办法或者补充规定,报国务院财政部门审核批准。	**第八条** 国家实行统一的会计制度。国家统一的会计制度由国务院财政部门根据本法制定并公布。 国务院有关部门可以依照本法和国家统一的会计制度制定对会计核算和会计监督有特殊要求的行业实施国家统一的会计制度的具体办法或者补充规定,报国务院财政部门审核批准。

续表

2017 年《会计法》	2024 年《会计法》
中国人民解放军总后勤部可以依照本法和国家统一的会计制度制定军队实施国家统一的会计制度的具体办法，报国务院财政部门备案。	国家加强会计信息化建设，鼓励依法采用现代信息技术开展会计工作，具体办法由国务院财政部门会同有关部门制定。
第二章　会 计 核 算	第二章　会 计 核 算
第九条　各单位必须根据实际发生的经济业务事项进行会计核算，填制会计凭证，登记会计帐簿，编制财务会计报告。 任何单位不得以虚假的经济业务事项或者资料进行会计核算。	第九条　各单位必须根据实际发生的经济业务事项进行会计核算，填制会计凭证，登记会计账簿，编制财务会计报告。 任何单位不得以虚假的经济业务事项或者资料进行会计核算。
第十条　下列经济业务事项，应当办理会计手续，进行会计核算： （一）款项和有价证券的收付； （二）财物的收发、增减和使用； （三）债权债务的发生和结算； （四）资本、基金的增减； （五）收入、支出、费用、成本的计算； （六）财务成果的计算和处理； （七）需要办理会计手续、进行会计核算的其他事项。	第十条　各单位应当对下列经济业务事项办理会计手续，进行会计核算： （一）资产的增减和使用； （二）负债的增减； （三）净资产（所有者权益）的增减； （四）收入、支出、费用、成本的增减； （五）财务成果的计算和处理； （六）需要办理会计手续、进行会计核算的其他事项。
第十一条　会计年度自公历1月1日起至12月31日止。	第十一条　会计年度自公历1月1日起至12月31日止。
第十二条　会计核算以人民币为记帐本位币。 业务收支以人民币以外的货币为主的单位，可以选定其中一种货币	第十二条　会计核算以人民币为记账本位币。 业务收支以人民币以外的货币为主的单位，可以选定其中一种货币

续表

2017 年《会计法》	2024 年《会计法》
作为记帐本位币,但是编报的财务会计报告应当折算为人民币。	作为记账本位币,但是编报的财务会计报告应当折算为人民币。

第十三条 会计凭证、会计帐簿、财务会计报告和其他会计资料,必须符合国家统一的会计制度的规定。
  使用电子计算机进行会计核算的,其软件及其生成的会计凭证、会计帐簿、财务会计报告和其他会计资料,也必须符合国家统一的会计制度的规定。
  任何单位和个人不得伪造、变造会计凭证、会计帐簿及其他会计资料,不得提供虚假的财务会计报告。
	第十三条 会计凭证、会计账簿、财务会计报告和其他会计资料,必须符合国家统一的会计制度的规定。
	  使用电子计算机进行会计核算的,其软件及其生成的会计凭证、会计账簿、财务会计报告和其他会计资料,也必须符合国家统一的会计制度的规定。
	  任何单位和个人不得伪造、变造会计凭证、会计账簿及其他会计资料,不得提供虚假的财务会计报告。

第十四条 会计凭证包括原始凭证和记帐凭证。
  办理本法第十条所列的经济业务事项,必须填制或者取得原始凭证并及时送交会计机构。
  会计机构、会计人员必须按照国家统一的会计制度的规定对原始凭证进行审核,对不真实、不合法的原始凭证有权不予接受,并向单位负责人报告;对记载不准确、不完整的原始凭证予以退回,并要求按照国家统一的会计制度的规定更正、补充。
  原始凭证记载的各项内容均不得涂改;原始凭证有错误的,应当由出具单位重开或者更正,更正处应当加盖出具单位印章。原始凭证金额
	第十四条 会计凭证包括原始凭证和记账凭证。
	  办理本法第十条所列的经济业务事项,必须填制或者取得原始凭证并及时送交会计机构。
	  会计机构、会计人员必须按照国家统一的会计制度的规定对原始凭证进行审核,对不真实、不合法的原始凭证有权不予接受,并向单位负责人报告;对记载不准确、不完整的原始凭证予以退回,并要求按照国家统一的会计制度的规定更正、补充。
	  原始凭证记载的各项内容均不得涂改;原始凭证有错误的,应当由出具单位重开或者更正,更正处应当加盖出具单位印章。原始凭证金额

续表

2017 年《会计法》	2024 年《会计法》
有错误的,应当由出具单位重开,不得在原始凭证上更正。 　　记帐凭证应当根据经过审核的原始凭证及有关资料编制。	有错误的,应当由出具单位重开,不得在原始凭证上更正。 　　记账凭证应当根据经过审核的原始凭证及有关资料编制。
第十五条　会计帐簿登记,必须以经过审核的会计凭证为依据,并符合有关法律、行政法规和国家统一的会计制度的规定。会计帐簿包括总帐、明细帐、日记帐和其他辅助性帐簿。 　　会计帐簿应当按照连续编号的页码顺序登记。会计帐簿记录发生错误或者隔页、缺号、跳行的,应当按照国家统一的会计制度规定的方法更正,并由会计人员和会计机构负责人(会计主管人员)在更正处盖章。 　　使用电子计算机进行会计核算的,其会计帐簿的登记、更正,应当符合国家统一的会计制度的规定。	第十五条　会计账簿登记,必须以经过审核的会计凭证为依据,并符合有关法律、行政法规和国家统一的会计制度的规定。会计账簿包括总账、明细账、日记账和其他辅助性账簿。 　　会计账簿应当按照连续编号的页码顺序登记。会计账簿记录发生错误或者隔页、缺号、跳行的,应当按照国家统一的会计制度规定的方法更正,并由会计人员和会计机构负责人(会计主管人员)在更正处盖章。 　　使用电子计算机进行会计核算的,其会计账簿的登记、更正,应当符合国家统一的会计制度的规定。
第十六条　各单位发生的各项经济业务事项应当在依法设置的会计帐簿上统一登记、核算,不得违反本法和国家统一的会计制度的规定私设会计帐簿登记、核算。	第十六条　各单位发生的各项经济业务事项应当在依法设置的会计账簿上统一登记、核算,不得违反本法和国家统一的会计制度的规定私设会计账簿登记、核算。
第十七条　各单位应当定期将会计帐簿记录与实物、款项及有关资料相互核对,保证会计帐簿记录与实物及款项的实有数额相符、会计帐簿记录与会计凭证的有关内容相符、会	第十七条　各单位应当定期将会计账簿记录与实物、款项及有关资料相互核对,保证会计账簿记录与实物及款项的实有数额相符、会计账簿记录与会计凭证的有关内容相符、会

续表

2017年《会计法》	2024年《会计法》
计帐簿之间相对应的记录相符、会计帐簿记录与会计报表的有关内容相符。	计账簿之间相对应的记录相符、会计账簿记录与会计报表的有关内容相符。
第十八条 各单位采用的会计处理方法，前后各期应当一致，不得随意变更；确有必要变更的，应当按照国家统一的会计制度的规定变更，并将变更的原因、情况及影响在财务会计报告中说明。	第十八条 各单位采用的会计处理方法，前后各期应当一致，不得随意变更；确有必要变更的，应当按照国家统一的会计制度的规定变更，并将变更的原因、情况及影响在财务会计报告中说明。
第十九条 单位提供的担保、未决诉讼等或有事项，应当按照国家统一的会计制度的规定，在财务会计报告中予以说明。	第十九条 单位提供的担保、未决诉讼等或有事项，应当按照国家统一的会计制度的规定，在财务会计报告中予以说明。
第二十条 财务会计报告应当根据经过审核的会计帐簿记录和有关资料编制，并符合本法和国家统一的会计制度关于财务会计报告的编制要求、提供对象和提供期限的规定；其他法律、行政法规另有规定的，从其规定。 财务会计报告由会计报表、会计报表附注和财务情况说明书组成。向不同的会计资料使用者提供的财务会计报告，其编制依据应当一致。有关法律、行政法规规定会计报表、会计报表附注和财务情况说明书须经注册会计师审计的，注册会计师及其所在的会计师事务所出具的审计报告应当随同财务会计报告一并提供。	第二十条 财务会计报告应当根据经过审核的会计**账**簿记录和有关资料编制，并符合本法和国家统一的会计制度关于财务会计报告的编制要求、提供对象和提供期限的规定；其他法律、行政法规另有规定的，从其规定。 向不同的会计资料使用者提供的财务会计报告，其编制依据应当一致。有关法律、行政法规规定**财务会计报告**须经注册会计师审计的，注册会计师及其所在的会计师事务所出具的审计报告应当随同财务会计报告一并提供。

续表

2017 年《会计法》	2024 年《会计法》
第二十一条　财务会计报告应当由单位负责人和主管会计工作的负责人、会计机构负责人(会计主管人员)签名并盖章;设置总会计师的单位,还须由总会计师签名并盖章。 　　单位负责人应当保证财务会计报告真实、完整。	第二十一条　财务会计报告应当由单位负责人和主管会计工作的负责人、会计机构负责人(会计主管人员)签名并盖章;设置总会计师的单位,还须由总会计师签名并盖章。 　　单位负责人应当保证财务会计报告真实、完整。
第二十二条　会计记录的文字应当使用中文。在民族自治地方,会计记录可以同时使用当地通用的一种民族文字。在中华人民共和国境内的外商投资企业、外国企业和其他外国组织的会计记录可以同时使用一种外国文字。	第二十二条　会计记录的文字应当使用中文。在民族自治地方,会计记录可以同时使用当地通用的一种民族文字。在中华人民共和国境内的外商投资企业、外国企业和其他外国组织的会计记录可以同时使用一种外国文字。
第二十三条　各单位对会计凭证、会计帐簿、财务会计报告和其他会计资料应当建立档案,妥善保管。会计档案的保管期限和销毁办法,由国务院财政部门会同有关部门制定。	第二十三条　各单位对会计凭证、会计账簿、财务会计报告和其他会计资料应当建立档案,妥善保管。会计档案的保管期限、销毁、**安全保护**等具体**管理**办法,由国务院财政部门会同有关部门制定。
第三章　公司、企业会计核算的特别规定	
第三十四条　公司、企业进行会计核算,除应当遵守本法第二章的规定外,还应当遵守本章规定。	

续表

2017年《会计法》	2024年《会计法》
~~第二十五条 公司、企业必须根据实际发生的经济业务事项，按照国家统一的会计制度的规定确认、计量和记录资产、负债、所有者权益、收入、费用、成本和利润。~~	
第二十六条 公司、企业进行会计核算不得有下列行为： （一）随意改变资产、负债、所有者权益的确认标准或者计量方法，虚列、多列、不列或者少列资产、负债、所有者权益； （二）虚列或者隐瞒收入，推迟或者提前确认收入； （三）随意改变费用、成本的确认标准或者计量方法，虚列、多列、不列或者少列费用、成本； （四）随意调整利润的计算、分配方法，编造虚假利润或者隐瞒利润； （五）违反国家统一的会计制度规定的其他行为。	第二十四条 各单位进行会计核算不得有下列行为： （一）随意改变资产、负债、**净资产（所有者权益）**的确认标准或者计量方法，虚列、多列、不列或者少列资产、负债、**净资产（所有者权益）**； （二）虚列或者隐瞒收入，推迟或者提前确认收入； （三）随意改变费用、成本的确认标准或者计量方法，虚列、多列、不列或者少列费用、成本； （四）随意调整利润的计算、分配方法，编造虚假利润或者隐瞒利润； （五）违反国家统一的会计制度规定的其他行为。
第四章 会 计 监 督	**第三章 会 计 监 督**
第二十七条 各单位应当建立、健全本单位内部会计监督制度。单位内部会计监督制度应当符合下列要求： （一）记帐人员与经济业务事项和会计事项的审批人员、经办人员、财物保管人员的职责权限应当明确，	第二十五条 各单位应当建立、健全本单位内部会计监督制度，**并将其纳入本单位内部控制制度**。单位内部会计监督制度应当符合下列要求： （一）记账人员与经济业务事项和会计事项的审批人员、经办人员、

续表

2017 年《会计法》	2024 年《会计法》
并相互分离、相互制约； （二）重大对外投资、资产处置、资金调度和其他重要经济业务事项的决策和执行的相互监督、相互制约程序应当明确； （三）财产清查的范围、期限和组织程序应当明确； （四）对会计资料定期进行内部审计的办法和程序应当明确。	财物保管人员的职责权限应当明确，并相互分离、相互制约； （二）重大对外投资、资产处置、资金调度和其他重要经济业务事项的决策和执行的相互监督、相互制约程序应当明确； （三）财产清查的范围、期限和组织程序应当明确； （四）对会计资料定期进行内部审计的办法和程序应当明确； **（五）国务院财政部门规定的其他要求。**
第二十八条 单位负责人应当保证会计机构、会计人员依法履行职责，不得授意、指使、强令会计机构、会计人员违法办理会计事项。 会计机构、会计人员对违反本法和国家统一的会计制度规定的会计事项，有权拒绝办理或者按照职权予以纠正。	第二十六条 单位负责人应当保证会计机构、会计人员依法履行职责，不得授意、指使、强令会计机构、会计人员违法办理会计事项。 会计机构、会计人员对违反本法和国家统一的会计制度规定的会计事项，有权拒绝办理或者按照职权予以纠正。
第二十九条 会计机构、会计人员发现会计帐簿记录与实物、款项及有关资料不相符的，按照国家统一的会计制度的规定有权自行处理的，应当及时处理；无权处理的，应当立即向单位负责人报告，请求查明原因，作出处理。	第二十七条 会计机构、会计人员发现会计账簿记录与实物、款项及有关资料不相符的，按照国家统一的会计制度的规定有权自行处理的，应当及时处理；无权处理的，应当立即向单位负责人报告，请求查明原因，作出处理。

续表

2017 年《会计法》	2024 年《会计法》
第三十条 任何单位和个人对违反本法和国家统一的会计制度规定的行为,有权检举。收到检举的部门有权处理的,应当依法按照职责分工及时处理;无权处理的,应当及时移送有权处理的部门处理。收到检举的部门、负责处理的部门应当为检举人保密,不得将检举人姓名和检举材料转给被检举单位和被检举个人。	第二十八条 任何单位和个人对违反本法和国家统一的会计制度规定的行为,有权检举。收到检举的部门有权处理的,应当依法按照职责分工及时处理;无权处理的,应当及时移送有权处理的部门处理。收到检举的部门、负责处理的部门应当为检举人保密,不得将检举人姓名和检举材料转给被检举单位和被检举人个人。
第三十一条 有关法律、行政法规规定,须经注册会计师进行审计的单位,应当向受委托的会计师事务所如实提供会计凭证、会计帐簿、财务会计报告和其他会计资料以及有关情况。 任何单位或者个人不得以任何方式要求或者示意注册会计师及其所在的会计师事务所出具不实或者不当的审计报告。 财政部门有权对会计师事务所出具审计报告的程序和内容进行监督。	第二十九条 有关法律、行政法规规定,须经注册会计师进行审计的单位,应当向受委托的会计师事务所如实提供会计凭证、会计账簿、财务会计报告和其他会计资料以及有关情况。 任何单位或者个人不得以任何方式要求或者示意注册会计师及其所在的会计师事务所出具不实或者不当的审计报告。 财政部门有权对会计师事务所出具审计报告的程序和内容进行监督。
第三十二条 财政部门对各单位的下列情况实施监督: (一)是否依法设置会计帐簿; (二)会计凭证、会计帐簿、财务会计报告和其他会计资料是否真实、完整; (三)会计核算是否符合本法和	第三十条 财政部门对各单位的下列情况实施监督: (一)是否依法设置会计账簿; (二)会计凭证、会计账簿、财务会计报告和其他会计资料是否真实、完整; (三)会计核算是否符合本法和

续表

2017 年《会计法》	2024 年《会计法》
国家统一的会计制度的规定； （四）从事会计工作的人员是否具备专业能力、遵守职业道德。 在对前款第（二）项所列事项实施监督，发现重大违法嫌疑时，国务院财政部门及其派出机构可以向与被监督单位有经济业务往来的单位和被监督单位开立帐户的金融机构查询有关情况，有关单位和金融机构应当给予支持。	国家统一的会计制度的规定； （四）从事会计工作的人员是否具备专业能力、遵守职业道德。 在对前款第（二）项所列事项实施监督，发现重大违法嫌疑时，国务院财政部门及其派出机构可以向与被监督单位有经济业务往来的单位和被监督单位开立**账**户的金融机构查询有关情况，有关单位和金融机构应当给予支持。
第三十三条　财政、审计、税务、**人民银行、证券监管、保险监管**等部门应当依照有关法律、行政法规规定的职责，对有关单位的会计资料实施监督检查。 前款所列监督检查部门对有关单位的会计资料依法实施监督检查后，应当出具检查结论。有关监督检查部门已经作出的检查结论能够满足其他监督检查部门履行本部门职责需要的，其他监督检查部门应当加以利用，避免重复查帐。	第三十一条　财政、审计、税务、**金融管理**等部门应当依照有关法律、行政法规规定的职责，对有关单位的会计资料实施监督检查，**并出具检查结论**。 **财政、审计、税务、金融管理等部门应当加强监督检查协作**，有关监督检查部门已经作出的检查结论能够满足其他监督检查部门履行本部门职责需要的，其他监督检查部门应当加以利用，避免重复查账。
第三十四条　依法对有关单位的会计资料实施监督检查的部门及其工作人员对在监督检查中知悉的国家秘密和商业秘密负有保密义务。	第三十二条　依法对有关单位的会计资料实施监督检查的部门及其工作人员对在监督检查中知悉的国家秘密、**工作秘密**、商业秘密、**个人隐私、个人信息**负有保密义务。

续表

2017年《会计法》	2024年《会计法》
第三十五条　各单位必须依照有关法律、行政法规的规定，接受有关监督检查部门依法实施的监督检查，如实提供会计凭证、会计帐簿、财务会计报告和其他会计资料以及有关情况，不得拒绝、隐匿、谎报。	第三十三条　各单位必须依照有关法律、行政法规的规定，接受有关监督检查部门依法实施的监督检查，如实提供会计凭证、会计账簿、财务会计报告和其他会计资料以及有关情况，不得拒绝、隐匿、谎报。
第五章　会计机构和会计人员	第四章　会计机构和会计人员
第三十六条　各单位应当根据会计业务的需要，设置会计机构，或者在有关机构中设置会计人员并指定会计主管人员；不具备设置条件的，应当委托经批准设立从事会计代理记帐业务的中介机构代理记帐。 国有的和国有资产占控股地位或者主导地位的大、中型企业必须设置总会计师。总会计师的任职资格、任免程序、职责权限由国务院规定。	第三十四条　各单位应当根据会计业务的需要，**依法采取下列一种方式组织本单位的会计工作**： （一）设置会计机构； （二）在有关机构中设置会计**岗位**并指定会计主管人员； （三）委托经批准设立从事会计代理记账业务的中介机构代理记账； （四）**国务院财政部门规定的其他方式**。 国有的和国有资本占控股地位或者主导地位的大、中型企业必须设置总会计师。总会计师的任职资格、任免程序、职责权限由国务院规定。
第三十七条　会计机构内部应当建立稽核制度。 出纳人员不得兼任稽核、会计档案保管和收入、支出、费用、债权债务帐目的登记工作。	第二十五条　会计机构内部应当建立稽核制度。 出纳人员不得兼任稽核、会计档案保管和收入、支出、费用、债权债务账目的登记工作。

续表

2017 年《会计法》	2024 年《会计法》
第三十八条　会计人员应当具备从事会计工作所需要的专业能力。 担任单位会计机构负责人(会计主管人员)的,应当具备会计师以上专业技术职务资格或者从事会计工作三年以上经历。 本法所称会计人员的范围由国务院财政部门规定。	第三十六条　会计人员应当具备从事会计工作所需要的专业能力。 担任单位会计机构负责人(会计主管人员)的,应当具备会计师以上专业技术职务资格或者从事会计工作三年以上经历。 本法所称会计人员的范围由国务院财政部门规定。
第三十九条　会计人员应当遵守职业道德,提高业务素质。对会计人员的教育和培训工作应当加强。	第三十七条　会计人员应当遵守职业道德,提高业务素质,**严格遵守国家有关保密规定**。对会计人员的教育和培训工作应当加强。
第四十条　因有提供虚假财务会计报告,做假帐,隐匿或者故意销毁会计凭证、会计帐簿、财务会计报告,贪污、挪用公款,职务侵占等与会计职务有关的违法行为被依法追究刑事责任的人员,不得再从事会计工作。	第三十八条　因有提供虚假财务会计报告,做假账,隐匿或者故意销毁会计凭证、会计账簿、财务会计报告,贪污、挪用公款,职务侵占等与会计职务有关的违法行为被依法追究刑事责任的人员,不得再从事会计工作。
第四十一条　会计人员调动工作或者离职,必须与接管人员办清交接手续。 一般会计人员办理交接手续,由会计机构负责人(会计主管人员)监交;会计机构负责人(会计主管人员)办理交接手续,由单位负责人监交,必要时主管单位可以派人会同监交。	第三十九条　会计人员调动工作或者离职,必须与接管人员办清交接手续。 一般会计人员办理交接手续,由会计机构负责人(会计主管人员)监交;会计机构负责人(会计主管人员)办理交接手续,由单位负责人监交,必要时主管单位可以派人会同监交。

续表

2017 年《会计法》	2024 年《会计法》
第六章　法　律　责　任	第五章　法　律　责　任
第四十二条　违反本法规定,有下列行为之一的,由县级以上人民政府财政部门责令限期改正,可以对单位并处三千元以上五万元以下的罚款;对其直接负责的主管人员和其他直接责任人员,可以处三千元以上二万元以下的罚款;属于国家工作人员的,还应当由其所在单位或者有关单位依法给予行政处分: 　　(一)不依法设置会计帐簿的; 　　(二)私设会计帐簿的; 　　(三)未按照规定填制、取得原始凭证或者填制、取得的原始凭证不符合规定的; 　　(四)以未经审核的会计凭证为依据登记会计帐簿或者登记会计帐簿不符合规定的; 　　(五)随意变更会计处理方法的; 　　(六)向不同的会计资料使用者提供的财务会计报告编制依据不一致的; 　　(七)未按照规定使用会计记录文字或者记帐本位币的; 　　(八)未按照规定保管会计资料,致使会计资料毁损、灭失的; 　　(九)未按照规定建立并实施单位内部会计监督制度或者拒绝依法实施的监督或者不如实提供有关会	第四十条　违反本法规定,有下列行为之一的,由县级以上人民政府财政部门责令限期改正,**给予警告、通报批评**,对单位**可以**并处二十万元以下的罚款,对其直接负责的主管人员和其他直接责任人员可以处**五万**元以下的罚款;**情节严重的**,对单位**可以并处二十万元以上一百万元以下的罚款**,对其直接负责的主管人员和其他直接责任人员可以处五万元以上五十万元以下的罚款;属于公职人员的,还应当依法给予处分: 　　(一)不依法设置会计账簿的; 　　(二)私设会计账簿的; 　　(三)未按照规定填制、取得原始凭证或者填制、取得的原始凭证不符合规定的; 　　(四)以未经审核的会计凭证为依据登记会计账簿或者登记会计账簿不符合规定的; 　　(五)随意变更会计处理方法的; 　　(六)向不同的会计资料使用者提供的财务会计报告编制依据不一致的; 　　(七)未按照规定使用会计记录文字或者记账本位币的; 　　(八)未按照规定保管会计资料,致使会计资料毁损、灭失的; 　　(九)未按照规定建立并实施单

续表

2017 年《会计法》	2024 年《会计法》
计资料及有关情况的； （十）任用会计人员不符合本法规定的。 　　有前款所列行为之一，构成犯罪的，依法追究刑事责任。 　　会计人员有第一款所列行为之一，情节严重的，五年内不得从事会计工作。 　　有关法律对第一款所列行为的处罚另有规定的，依照有关法律的规定办理。	位内部会计监督制度或者拒绝依法实施的监督或者不如实提供有关会计资料及有关情况的； （十）任用会计人员不符合本法规定的。 　　有前款所列行为之一，构成犯罪的，依法追究刑事责任。 　　会计人员有第一款所列行为之一，情节严重的，五年内不得从事会计工作。 　　有关法律对第一款所列行为的处罚另有规定的，依照有关法律的规定办理。
第四十三条　伪造、变造会计凭证、会计帐簿，编制虚假财务会计报告，构成犯罪的，依法追究刑事责任。有前款行为，尚不构成犯罪的，由县级以上人民政府财政部门予以通报，可以对单位并处五千元以上十万元以下的罚款；对其直接负责的主管人员和其他直接责任人员，可以处三千元以上五万元以下的罚款；属于国家工作人员的，还应当由其所在单位或者有关单位依法给予撤职直至开除的行政处分；其中的会计人员，五年内不得从事会计工作。 　　**第四十四条**　隐匿或者故意销毁依法应当保存的会计凭证、会计帐簿、财务会计报告，构成犯罪的，依法追究刑事责任。	**第四十一条**　伪造、变造会计凭证、会计账簿，编制虚假财务会计报告，隐匿或者故意销毁依法应当保存的会计凭证、会计账簿、财务会计报告的，由县级以上人民政府财政部门**责令限期改正，给予警告、通报批评，没收违法所得，违法所得二十万元以上的，对单位可以并处违法所得一倍以上十倍以下的罚款，没有违法所得或者违法所得不足二十万元的，可以并处二十万元以上二百万元以下的罚款**；对其直接负责的主管人员和其他直接责任人员可以处**十万元以上五十万元以下的罚款，情节严重的，可以处五十万元以上二百万元以下的罚款**；属于**公职人员的，还应当依法给予处分**；其中的会计人员，五年

续表

2017 年《会计法》	2024 年《会计法》
有前款行为,尚不构成犯罪的,由县级以上人民政府财政部门予以通报,可以对单位并处五千元以上十万元以下的罚款;对其直接负责的主管人员和其他直接责任人员,可以处三千元以上五万元以下的罚款;属于国家工作人员的,还应当由其所在单位或者有关单位依法给予撤职直至开除的行政处分;其中的会计人员,五年内不得从事会计工作。	内不得从事会计工作;构成犯罪的,依法追究刑事责任。
第四十五条 授意、指使、强令会计机构、会计人员及其他人员伪造、变造会计凭证、会计帐簿,编制虚假财务会计报告或者隐匿、故意销毁依法应当保存的会计凭证、会计帐簿、财务会计报告,构成犯罪的,依法追究刑事责任;尚不构成犯罪的,可以处五千元以上五万元以下的罚款;属于国家工作人员的,还应当由其所在单位或者有关单位依法给予降级、撤职、开除的行政处分。	第四十二条 授意、指使、强令会计机构、会计人员及其他人员伪造、变造会计凭证、会计账簿,编制虚假财务会计报告或者隐匿、故意销毁依法应当保存的会计凭证、会计账簿、财务会计报告的,由县级以上人民政府财政部门给予警告、通报批评,可以并处二十万元以上一百万元以下的罚款;情节严重的,可以并处一百万元以上五百万元以下的罚款;属于公职人员的,还应当依法给予处分;构成犯罪的,依法追究刑事责任。
第四十六条 单位负责人对依法履行职责、抵制违反本法规定行为的会计人员以降级、撤职、调离工作岗位、解聘或者开除等方式实行打击报复,构成犯罪的,依法追究刑事责任;尚不构成犯罪的,由其所在单位或者有关单位依法给予行政处分。对受打击报复的会计人员,应当恢复其名誉和原有职务、级别。	第四十三条 单位负责人对依法履行职责、抵制违反本法规定行为的会计人员以降级、撤职、调离工作岗位、解聘或者开除等方式实行打击报复的,依法给予处分;构成犯罪的,依法追究刑事责任。对受打击报复的会计人员,应当恢复其名誉和原有职务、级别。

续表

2017 年《会计法》	2024 年《会计法》
第四十七条　财政部门及有关行政部门的工作人员在实施监督管理中滥用职权、玩忽职守、徇私舞弊或者泄露国家秘密、商业秘密，构成犯罪的，依法追究刑事责任；尚不构成犯罪的，依法给予行政处分。	第四十四条　财政部门及有关行政部门的工作人员在实施监督管理中滥用职权、玩忽职守、徇私舞弊或者泄露国家秘密、**工作秘密**、商业秘密、**个人隐私、个人信息**的，依法**给予处分**；构成犯罪的，依法追究刑事责任。
第四十八条　违反本法第三十条规定，将检举人姓名和检举材料转给被检举单位和被检举个人的，由所在单位或者有关单位依法给予行政处分。	第四十五条　违反本法规定，将检举人姓名和检举材料转给被检举单位和被检举个人的，依法给予处分。
	第四十六条　违反本法规定，但具有《中华人民共和国行政处罚法》规定的从轻、减轻或者不予处罚情形的，依照其规定从轻、减轻或者不予处罚。
第四十九条　违反本法规定，同时违反其他法律规定的，由有关部门在各自职权范围内依法进行处罚。	第四十七条　**因违反本法规定受到处罚的，按照国家有关规定记入信用记录。** 违反本法规定，同时违反其他法律规定的，由有关部门在各自职权范围内依法进行处罚。
第七章　附　　则	第六章　附　　则
第五十条　本法下列用语的含义： 　　单位负责人，是指单位法定代表人或者法律、行政法规规定代表单位行使职权的主要负责人。	第四十八条　本法下列用语的含义： 　　单位负责人，是指单位法定代表人或者法律、行政法规规定代表单位行使职权的主要负责人。

2017 年《会计法》	2024 年《会计法》
国家统一的会计制度,是指国务院财政部门根据本法制定的关于会计核算、会计监督、会计机构和会计人员以及会计工作管理的制度。	国家统一的会计制度,是指国务院财政部门根据本法制定的关于会计核算、会计监督、会计机构和会计人员以及会计工作管理的制度。
	第四十九条　中央军事委员会有关部门可以依照本法和国家统一的会计制度制定军队实施国家统一的会计制度的具体办法,抄送国务院财政部门。
第五十一条　个体工商户会计管理的具体办法,由国务院财政部门根据本法的原则另行规定。	第五十条　个体工商户会计管理的具体办法,由国务院财政部门根据本法的原则另行规定。
第五十二条　本法自 2000 年 7 月 1 日起施行。	第五十一条　本法自 2000 年 7 月 1 日起施行。